JN092356

ライブラリ　経済学への招待━━━━6

金融論への招待

田中茉莉子

MARIKO TANAKA

新世社

はしがき

　株価や為替レートに関する情報は天気予報と同じくらい頻繁に新聞やテレビ等で報道されている。また，日本の中央銀行である日本銀行の金融政策決定会合が開催されたり，アメリカの中央銀行である FRB（連邦準備制度理事会）が金融政策を変更したりすると，特集が組まれる等，金融関連のニュースは世の中の大きな関心事となっている。

　金融というと，株式投資やビットコインのイメージを持つ方もいるかもしれない。これらはもちろん金融の範疇である。しかし，金融の分野は投資家の資産運用にとどまらない。個人が所得のうちどれだけ消費してどれだけ貯蓄するか，企業がどれほどの資金をどのように調達して運用するか，銀行が誰にあるいはどの企業にどれだけ融資を行うかといった個々の経済主体の意思決定から，日本の長年の課題である「デフレからの脱却」をどのように実現するか，円安と円高はどちらが好ましいか，といった一国経済および世界経済に関するトピックスまで多岐にわたる。これらは，私たちの生活にも大きな影響を与える重要な要因であり，多くの個人・企業が関心を持っているにもかかわらず，様々な要因が複雑に絡み合っていて見通しが容易ではないため敬遠されがちである。

　本書は，初めて「金融論」を学ぶ方を対象として，日常レベルの金融の用語から，専門的な金融論への橋渡しをするため，金融論の基盤となる考え方を修得することを目的としている。日常レベルの金融用語であれば，インターネットで検索してすぐ調べることが可能であり，金融論の考え方を修得していれば，専門的な金融論のテキストにもアクセスが可能となる。しかし，前述の通り，金融に関する問題は複雑であるため，関心のあるトピックを個別に調べていても全体像がみえなくなってしまう可能性がある。

そこで，本書では，日常レベルと専門レベルの大きなギャップを埋めるために，専門的なテキストで取り上げられるトピックスについて，日常的な話題も取り入れながら，数式等もわかりやすく簡潔に説明することで，初めて学ぶ方が取り組みやすくなるように心がけた。

　本書は5部構成となっている。第1部では，金融とはそもそもどのような活動であるか，貨幣とは何かという根本的なところから始め，金利（利子率）がどのような役割を果たしているか，金融市場ではどのような取引が行われているかを説明し，金融システムの全体像を整理する。第2部では，投資家の株式投資等の資産運用や企業の資金調達といったファイナンスに関する考え方を解説する。第3部では，銀行等の金融機関がどのような業務を行い，金融システムにおいてどのような役割を担い，どのような機能を備えているかを解説する。第4部では，金融政策が経済にどのような影響を与えるか，これまでどのような金融政策が実施されてきたかを説明する。第5部では，国際金融の中心的なトピックスとして，円安や円高といった為替レートが経済に与える影響やグローバル化に伴う世界的な金融危機の波及を取り上げる。

　本書は，東京大学と明治学院大学での金融論の講義がベースとなっている。講義の機会をいただいた福田慎一先生には学生時代よりご指導いただき，多くの貴重なコメントをいただいた。また，佐々木百合先生には講義の際に多くの貴重なアドバイスをいただいた。紙幅の制約で，これまでお世話になった全ての先生のお名前は挙げられないが，ゼミの指導教員である岩井克人先生，廣田功先生，花崎正晴先生，瀬古美喜先生にも多くのご指導をいただいた。最後に，本書の刊行は，宮川努先生にお声がけいただき，新世社の御園生晴彦氏，菅野翔太氏にご編集いただくことによって実現した。この場をお借りして心より御礼申し上げたい。

2022 年 5 月

田中　茉莉子

目　次

第1部　金融システム

第1部

金融システム

第1章

貨　幣

　貨幣は金融システムにとって不可欠な存在である。本章では，そもそも金融とはどのような活動であるかを踏まえたうえで，貨幣がどのような機能を備えているのか，貨幣にはどのようなものが含まれるのか，そして人々がなぜ貨幣を保有するのかといった，貨幣に関する基礎的な概念を解説する。近年関心の高まっている暗号資産（仮想通貨）が貨幣としての機能をどの程度備えているのかについても検討する。

1.1　金融とは

　「金融」とは，一言でまとめると，お金を融通することである。世の中には，良いアイディアはあるけれどもお金の不足している経済主体（家計，企業，政府といった経済活動の意思決定を行う存在）と，その一方で，現時点でお金を使う予定はなく手元にお金の余っている経済主体がいる。前者のタイプ，すなわちお金の不足している経済主体は赤字主体と呼ばれ，後者のタイプ，すなわちお金の余っている経済主体は黒字主体と呼ばれる。赤字主体の代表例としては，多額の設備投資（将来の生産活動に必要となる機械や設備等を購入すること）を行っている企

図 1.1 金融のイメージ

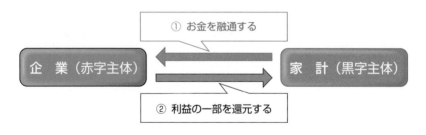

業，黒字主体の代表例としては，働いて得た所得の中から消費し，残り
を貯蓄している家計が挙げられる。

　金融の仕組みが円滑に機能していると，お金の余っている経済主体
（家計等の黒字主体）がお金の不足している経済主体（企業等の赤字主
体）に対してお金を融通することが可能になる。その結果，何が起きる
だろうか？ お金の不足していた経済主体（企業等の黒字主体）は，例
えば，設備投資を行って生産活動をすることによって，新たな価値を創
造し，利益を生み出すことができる。このようにして生まれた利益の一
部を，お金を融通してくれた経済主体（家計等の黒字主体）に還元する
ことで，お金を融通された側も，融通した側も，金融の仕組みなくして
は得られなかった利益をともに得ることができる。

　第 1 部のタイトルにもなっている「金融システム」とは，以上のよう
な，金融という活動が円滑に行われるための仕組みを指す。金融の仕組
みについて理解するためには，金融システムの根幹を成す「お金」がそ
もそもどのようなものであるかを理解することが重要となる。

1.2　貨幣とは

　普段私たちがお買い物をするとき，「お金」が必要となるが，「お金」
という用語は日常用語であって，経済・金融の世界では，「貨幣」とい

う用語を用いることが一般的である。このため，以下では，「お金」の代わりに，「貨幣」と表記する。

　一般に，貨幣は以下3つの機能を満たすものとされている。

① 　価値尺度
② 　交換手段
③ 　価値保蔵手段

●価値尺度

　まず，価値尺度とは，価値を測る基準のことである。日本では，ものの値段を表示する際に，「円」という，国内では共通の基準が用いられている。例えば，おにぎりは1個100円，家賃は5万円など，異なる財・サービス（形のあるもの・ないもの）の値段が共通の尺度「円」を用いて表されている。海外においても，アメリカでは「ドル」，ドイツやフランス等のユーロ圏では「ユーロ」，中国では「人民元」，イギリスでは「ポンド」といった価値尺度が用いられている。共通の尺度を用いることで，異なる財・サービスの値段を比較したり，集計したりすることが可能となる。

　なお，海外の財・サービスの値段と比較したり，集計したりする場合には，国・地域により，「円」や「ドル」など価値尺度が異なるため，直接比較や集計をすることはできない。この場合には，第13章で解説する為替レートを用いて，価値尺度を揃えてから，比較や集計を行うことになる。

●交換手段

　続いて，交換手段としての機能とは，取引の決済（取引に伴う貨幣の支払いや受け取りが完了すること）をスムーズに行うための媒介（仲立ちするもの）としての機能のことである。

　もし貨幣が存在しなかったとすると，自分の欲しいものを入手するためには，自分の持っているものと，相手が持っている自分の欲しいものとを直接交換する，物々交換を行うことになる。物々交換で取引が成立

図1.2 交換手段としての貨幣の機能

するためには，「欲求の二重の一致」（自分が欲しいものを相手が持っているだけではなく，相手が欲しいものを自分が持っていること）が必要となる。図1.2の例では，自分がアーモンドを持っていないと，物々交換による取引は成立しない。

　このように，相手が欲しいものをお互いに持っているという状態の実現は，現実にはなかなか難しい。しかし，貨幣が存在すれば，相手の欲しいもの（図1.2の例ではアーモンド）を自分が持っていなくても，貨幣を支払うことによって，自分の欲しいもの（図1.2の例ではチョコレート）を入手することが可能となる。

●価値保蔵手段

　最後に，価値保蔵手段としての機能とは，財・サービスの価値を安全に，かつ，いつでも交換できる状態で保存する機能のことである。どんなにおいしい野菜や果物を作っても，そのまま置いておくと，それらの価値はどんどん下がってしまうが，貨幣という形であれば，価値を目減りさせることなく保存しておくことが可能となる。なお，厳密には，第12章で説明するように，物価が継続的に上昇するインフレーション（インフレ）の下では，貨幣の価値は物価の上昇とともに目減りする。しかし，物価が比較的安定した経済環境であれば，貨幣は価値を保存する手段として有効に機能する。

●究極の流動性資産としての貨幣

　貨幣は，第3章および第6章で解説する「株式」や「債券」などと同

様に，一種の金融資産であるが，あらゆる金融資産の中で，究極の流動性資産といわれる。ここで，流動性（liquidity）とは，ある金融資産が媒介としてどれだけ容易に目的のものに変換できるか，つまりどの程度交換手段として有効に機能するかを表す概念である。その金融資産が容易に変換できる媒介である場合には，「流動性が高い」といわれる。貨幣は，あらゆる金融資産の中で最も流動性の高い金融資産であり，この性質は，交換手段としての機能に由来している。

　貨幣はなぜこれほどまでに，金融資産の中で特別な存在となっているのだろうか。貨幣というと，日本銀行により発券されている日本銀行券（日銀券）をイメージされる方が多いと思われるが，日本銀行券自体に価値があるわけではない。少し時代を遡って，明治時代から昭和時代初期にかけての日本では，金と交換できる，兌換紙幣が発行されていた。さらに遡ると，商品貨幣（布，家畜，貝，石，金など）が貨幣として流通している時期もあった。商品貨幣や，金と交換できる兌換紙幣には，それ自体に商品や貴金属の価値が備わっている。しかし，現在流通している日本銀行券など多くの貨幣は，それ自体に価値がないにもかかわらず，流通している。それは，誰かが「それを相手が受け取ってくれるだろう」と考えているだけではなく，相手も「それを将来の取引相手が受け取ってくれるだろう」と考え，さらにその相手も…と無限の期待の連鎖が存在しているからである。このような無限の期待の連鎖を支える1つの重要な要因として，貨幣を発行する経済主体に対する信認が挙げられる。このため，例えば，日本の中央銀行である日本銀行は，第10章で説明するように，物価の安定を最大の目標として金融政策を行うことで，円に対する信認の維持に努めている。

1.3　貨幣に含まれるもの

　貨幣と一口に言っても，1.2節で示した貨幣の3つの機能のうち，どの機能に注目するのかによって，貨幣に含まれるものも異なってくる。

一般に，以下の金融資産の組合せを貨幣と捉えることが多い。

① 現金通貨

② 現金通貨＋預金通貨

③ 現金通貨＋預金通貨＋準通貨

●現金通貨

　価値尺度としての機能やスーパーでのお買い物など身近な交換手段としての機能を備えた金融資産としては，現金通貨が挙げられる。現金通貨は，日本銀行券発行高（一万円札や五千円札などの日本銀行券）と貨幣流通高（500円や100円などの硬貨）から構成されている。

●現金通貨＋預金通貨

　価値尺度としての機能に加えて，一般的な交換手段としての機能を備えた金融資産としては，現金通貨と預金通貨が挙げられる。預金通貨は，預金の中でも流動性の高い，普通預金と当座預金から構成されている。

　お買い物をするとき，代金を現金通貨で支払うだけではなく，クレジットカードを利用することも一般的となっているが，その際には，カードに紐づけられた普通預金口座からの引落しで支払うことになる。また，当座預金は，企業等が現金ではなく，小切手や手形で支払う際に用いる決済用の預金のことである。このように，普通預金と当座預金は，個人や企業にとって一般的な交換手段として用いられている。普通預金や当座預金といった預金通貨は，預金者が要求すれば，いつでも払い戻せることから，要求払預金とも呼ばれている。

●現金通貨＋預金通貨＋準通貨

　価値尺度としての機能，交換手段としての機能だけではなく，価値保蔵手段としての機能まで対象とすると，現金通貨，預金通貨に加えて，準通貨も貨幣に含まれる。準通貨の大半は定期預金であるが，外貨預金なども該当する。定期預金や外貨預金等は，解約すると，現金通貨や預金通貨として利用され，預金通貨に準じる性質を有することから，「準」

通貨と呼ばれている。

1.4 貨幣に関する統計

日本銀行は，貨幣に関する統計として「マネーストック統計」を公表しており，そこでは，貨幣に関する指標として以下4つの指標を作成している。

① M1
② M2
③ M3
④ 広義流動性

● M1

M1 は，現金通貨と預金通貨から構成される。価値尺度としての機能に加えて，一般的な交換手段としての機能を備えた金融資産を対象としている。

● M2 および M3

M2 および M3 は，いずれも，M1（現金通貨＋預金通貨）に，定期性預金などを含む準通貨と，CD（譲渡性預金）を加えたものとなっている。CD（譲渡性預金）は，銀行が発行し，他人に譲渡できる無記名の定期預金を指す。M2 および M3 は，価値尺度としての機能，交換手段としての機能だけではなく，価値保蔵手段としての機能も対象としている。

なお，M2 および M3 を構成する金融商品の種類は同じ（M1＋準通貨＋CD）であるが，M2 の預入れ先（通貨発行主体）が「国内銀行等」であるのに対して，M3 の預入れ先は「全預金取扱機関」であるという違いがある。例えば，ゆうちょ銀行は，「全預金取扱機関」には含まれているため，M3 の預入れ先ではあるが，「国内銀行等」には含まれていないため，M2 の預入れ先とはならない（ご関心のある方は，日本銀

図1.3　貨幣に関する各指標の関係

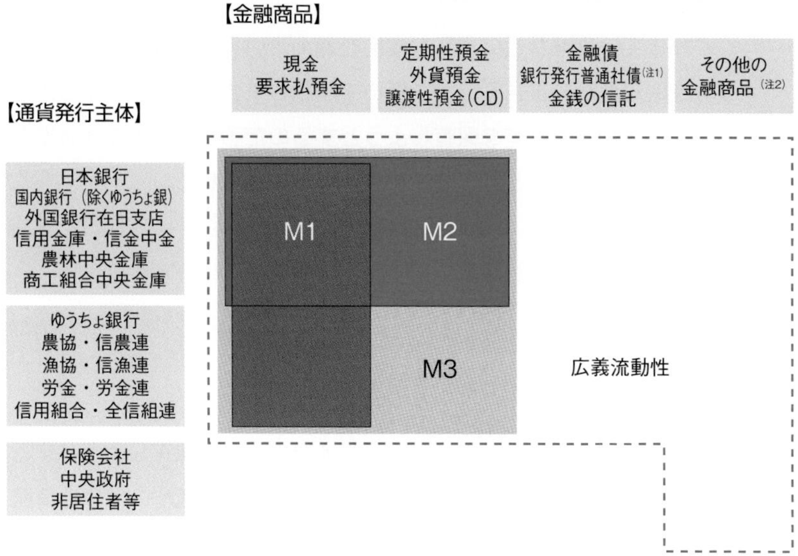

【金融商品】

| | 現金
要求払預金 | 定期性預金
外貨預金
譲渡性預金（CD） | 金融債
銀行発行普通社債^(注1)
金銭の信託 | その他の
金融商品^(注2) |

【通貨発行主体】

日本銀行
国内銀行（除くゆうちょ銀）
外国銀行在日支店
信用金庫・信金中金
農林中央金庫
商工組合中央金庫

ゆうちょ銀行
農協・信農連
漁協・信漁連
労金・労金連
信用組合・全信組連

保険会社
中央政府
非居住者等

M1　M2

M3　　広義流動性

（注1）　国内銀行を主たる子会社とする株式会社による発行分を含む。
（注2）　金融機関発行 CP，投資信託（公募・私募），国債，外債。
（出所）　日本銀行（2021）「マネーストック統計の解説」
　　　　　https://www.boj.or.jp/statistics/outline/exp/data/exms01.pdf

行（2021）「マネーストック統計の解説」をご参照のこと）。

●広義流動性

　広義流動性は，M3 に，金銭信託，投資信託，金融債，銀行発行普通社債，金融機関発行 CP（コマーシャルペーパー），国債，外債といった様々な金融資産を加えたものとなっている。広義流動性も，M2 および M3 と同様に，価値尺度としての機能，交換手段としての機能だけではなく，価値保蔵手段としての機能も対象としているが，さらに広範囲にわたる金融資産を含む指標である。

　以上 4 つの指標の関係について，日本銀行では図 1.3 のように，金融商品および通貨発行主体の観点から整理している。

1.5 貨幣を保有する動機

　これまで，貨幣がどのような機能を備えているのか，貨幣にはどのような金融資産が含まれるのかについて解説してきたが，そもそも人々はどのような動機で貨幣を保有しようとするのだろうか。人々が貨幣を保有する代表的な動機としては，以下3つが挙げられる。

① 取引動機

② 投機的動機（富貯蔵動機）

③ 予備的動機

●取引動機

　取引動機とは，人々が取引に必要な金額の貨幣を保有しようとすることをいう。貨幣は，交換手段としての機能を備えた究極の流動性資産である。貨幣を利用することで，物々交換を行う必要がなくなり，欲しいものを入手できるまでにかかる取引コストを大幅に節約することができる。

●投機的動機

　投機的動機とは，将来の金融資産の価格変動も考慮して金融資産を運用する際に，貨幣より高い収益を得られるものの，価格が変動する金融資産（例えば，株式）より，流動性の高い金融資産である貨幣を保有しようとすることをいう。例えば，株式の価格（株価）がかなり高くなっている場合には，株価が今後下がる可能性が考えられる。このような時には，株式を保有しているよりも，株式のような高収益は期待できないものの，いつでも取引に用いることのできる貨幣を保有する方が得策となる。

●予備的動機

　予備的動機とは，人々が将来の急な支出に備えて，いつでも取引に使える流動性の高い貨幣を保有しようとすることをいう。災害など予期せ

ぬ出来事が発生すると，多額の出費が必要になることがある。このとき
に，資産を株式など流動性のそれほど高くない金融資産で保有している
と，すぐに換金できず，予期せぬ出来事に対応できなくなってしまう。
それに対して，貨幣の形で保有していれば，いつでも予期せぬ出費に対
応することが可能となる。

　貨幣を保有する動機は，第2章で解説する貨幣需要について理解する
うえでの前提となるため，改めて説明することにする。

コラム1　ヤップ島の石貨

フェイ
（出所）
robertharding／時事通信フォト

　写真手前の，石が円盤上に加工されたものは，西太平洋に位置するミクロネシア連
邦のヤップ島で使われていた，フェイと呼ばれる石貨である。世界で最も大きいお金
といわれる。日常的に使われていたわけではなく，土地等の高額な取引や冠婚葬祭の
際の贈答品として用いられていた。小さな石貨は中央の穴に棒を通すことで運ぶが，
大きな石貨の場合は移動されず，所有権のみが移転されていた。なお，日本銀行の貨
幣博物館や東京都の日比谷公園でもみることができる。

コラム2　ビットコインは貨幣？

　ビットコインはサトシ・ナカモトによって 2008 年に生み出された最初の暗号資産（仮想通貨）であり，2022 年現在も暗号資産を代表する存在である。暗号資産は，インターネット上でやりとりできる財産的価値であり，その取引履歴は，高度な暗号技術を用いたブロックチェーンと呼ばれる技術によって記録・管理されている。日本では暗号資産は「資金決済に関する法律（資金決済法）」第 2 条第 5 項で示された以下 3 要件を満たすものと定義されている。

① 不特定の者に対して代価の弁済に使用でき，かつ，不特定の者を相手方として法定通貨と相互に交換できる。
② 電子的に記録され，移転できる。
③ 法定通貨または法定通貨建ての資産ではない。

　ビットコインは，貨幣といえるだろうか？ 1.2 節で示した貨幣の 3 つの機能を思い出してみよう。

価値尺度としての機能
　日本国内にもビットコインでの支払いを認めている店舗は存在し，2021 年 10 月下旬現在で，300 を超えている。ただし，ビットコイン決済に対応している店舗でも，価格を主として円で設定するケースが一般的で，受け取ったビットコインは円に交換されている。また，暗号資産には下図が示すように，価格変動が極めて大きいという

ビットコインのドル建て価格の推移

（出所）Blockchain.com（2022）"Market Price（USD）"
　　　 https://www.blockchain.com/ja/charts/market-price（2009 年 1 月〜2022 年 5 月）

デメリットも存在する。このため，価値尺度としての機能は弱いと考えられている。

交換手段としての機能

　ビットコインは，それ自体に価値がないにもかかわらず，一部の店舗では決済手段として利用されている。これは，誰かが「ビットコインを相手が受け取ってくれるだろう」と考えているだけではなく，相手も「ビットコインを将来の取引相手が受け取ってくれるだろう」と考え，さらにその相手も…と無限の期待の連鎖が存在していることの反映であり，交換手段としての機能は部分的に満たされている。ただし，ビットコインも他の貨幣と同様，その価値に人々の期待の連鎖が影響する一種のバブルであると考えられており，ビットコインのバブルが崩壊すると，交換手段としての役割を果たせなくなる可能性はある。

価値保蔵手段としての機能

　資金決済法では，暗号資産が価値保蔵手段として機能しうると考えられている。ただし，同時に，ビットコインの大きな価格変動が示しているように，ビットコインの取引には投機的な側面もあると考えられている。このため，ビットコインのバブルが崩壊する場合には，価値保蔵手段としての機能を果たせなくなる可能性がある。加えて，ビットコイン等暗号資産には，取引所からの暗号資産の流出といったセキュリティ上のリスクも問題となっている。ビットコインが価値保蔵手段としての機能を備えるためには，このようなリスクをいかにして抑制・解消していくかが課題といえる。

　以上のように，ビットコインに貨幣の3つの機能を当てはめてみると，2021年11月現在では，ビットコインを貨幣と呼ぶのは難しいといえる。しかし，中米に位置するエルサルバドルでは，ブケレ大統領がビットコインを法定通貨とする議案を国会に提出し，賛成多数で可決された。2021年9月7日より，これまでの米ドルに加えて，ビットコインが世界で初めての法定通貨となっている。エルサルバドル経済は，海外からの送金に依存しており，送金手数料の安いビットコインを法定通貨とすることで，送金を促進することを狙いとしていた。ただし，IMF（国際通貨基金）は，ビットコインの法定通貨化について，マクロ経済の不安定化の観点から懸念を表明している。

　価格の不安定性という暗号資産のデメリットを克服する取組みとして，近年は，価格の安定したステーブルコインが注目されたが，2022年5月にステーブルコインのテラUSDが暴落し，世界に衝撃を与えた。また，世界の主要中央銀行はCBDC（中央銀行デジタル通貨）の研究や実証実験を行っており，既存の法定通貨との競争・共存の在り方について議論が進んでいる。

◆ 練習問題

問 1.1　空欄に当てはまる用語として適当なものはどれか。

「赤字主体」とは，（　　）以上に支出する経済主体である。

① 生産
② 所得
③ 消費
④ 投資
⑤ 貸出

問 1.2　空欄に当てはまる用語として適当なものはどれか。

貨幣は究極の（　　）資産である。

① 収益性
② 流動性
③ リスク性
④ 安定性
⑤ 投資性

問 1.3　定期預金は M1，M2，M3，広義流動性のうち，どの指標に含まれるか。（複数選択）

① M1
② M2
③ M3
④ 広義流動性

問 1.4　貨幣を保有する動機として適当でないものはどれか。

① 取引の金額が増加すると，人々は貨幣を保有しようとする。
② 株式の価格（株価）がかなり低くなっている場合には，株価が今後上がる可能性が考えられるため，人々は貨幣を保有しようとする。
③ 将来の急な支出に備えたいとき，人々は貨幣を保有しようとする。

第2章

利 子 率

　本章では，金融市場での取引（需要と供給）を調節する役割を果たしている利子率（金利）について解説する。第3章で説明するように，現実には多くの金融市場が存在するが，利子率がどのように決定されるかを理論的に分析する際，議論を簡単にするために，貨幣市場という概念を導入することが一般的である。このため，本章では，まず，貨幣市場とは何かを説明したうえで，利子率の決定メカニズムについて解説する。

2.1　貨幣市場とは

　現実には多くの金融市場が存在するが，利子率（金利）がどのように決定されるかを示す際には，議論を簡単にするため，金融市場が全体で1つの市場であると想定することが一般的となっている。貨幣市場とは，このような全体で1つの仮想的な金融市場のことである。

　第1章で説明したように，貨幣は，株式や債券など他の金融資産とは異なり，収益をもたらさないものの，究極の流動性資産であり，いつでも取引に利用できる特別な金融資産である。金融資産をこのように収益

性と流動性の観点から貨幣とその他の金融資産の2つに分類するとき，金融資産の総量が何らかの事情で変わらないとすると，貨幣に対する需給をみれば，それは同時に，その他の金融資産に対する需給をみることになる。すなわち，貨幣とその他の金融資産が裏表の関係にあることを意味する。このことから，全体で1つの仮想的な金融市場は，貨幣の視点（貨幣に対する需給）から「貨幣」市場と呼ばれている。

2.2　利子率とは

　利子率とは，利子の元本（借りた金額）に占める割合を意味する。利子は金利や利息とも呼ばれ，お金を借りたときに，元本に上乗せして支払うもののことである。

　利子率には2つの側面がある。まず，お金の借り手にとって，利子率は，お金を1単位（例えば1円，1万円等）だけ借りたことに対する対価である。利子率が上がることは，お金を借りる負担が重くなることを意味する。一方，お金の貸し手にとって，利子率は，お金を1単位貸したことから得られる収益である。利子率が上がることは，収益が増加することを意味する。

　利子率は，貨幣市場における需給のバランスがとれるように，つまり貨幣需要＝貨幣供給となるように調整されている。利子率がどのように決定されるかを考えるために，以下では，利子率と貨幣需要との関係，そして利子率と貨幣供給との関係を順に解説する。

2.3　貨幣に対する需要【再論】

　第1章では，人々が貨幣を需要する動機として，下記3つがあることを示した。

① 取引動機

② 投機的動機（富貯蔵動機）

③ 予備的動機

以下では，分析を単純化するために，1つ目の取引動機と2つ目の投機的動機のみに着目して，利子率と貨幣に対する需要との関係について解説する。

　取引動機は，人々が取引に必要な金額の貨幣を需要しようとすることである。このため，経済全体の取引量（実質 GDP）が増加すると，取引動機に基づく貨幣需要は増加する。また，投機的動機は，将来の金融資産の価格変動も考慮して資産運用する際，貨幣より高い収益を得ることができるものの価格が大きく変動する金融資産（例えば，株式）よりも，価格が安定して流動性の高い金融資産である貨幣を保有しようとすることである。このため，利子率が上昇すると，貨幣よりリスクが高くても，より高い収益を期待できる金融資産に対する需要が高まり，貨幣需要が減少する。つまり，利子率が上昇すると，貨幣需要は減少するといえる。

●貨幣需要関数

　貨幣需要関数とは，貨幣需要を，貨幣需要に影響を与える要素の関数として表したものである。貨幣需要に影響を与える代表的な要素には，前項で説明したように，実質 GDP と利子率がある。貨幣需要を L，実質 GDP を Y，利子率を i で表すとすると，貨幣需要関数 f は以下のように表される。

$$L = f(Y, i)$$

ここで，貨幣需要 L は，実質 GDP の増加関数であると同時に，利子率の減少関数である。図 2.1 は貨幣需要関数のイメージを図示したものである。貨幣需要関数 f という関係性の中に，実質 GDP や利子率といった要素を投入すると，貨幣需要が生み出されるイメージである。

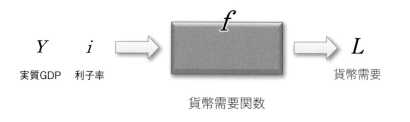

図2.1 貨幣需要関数のイメージ

Y i

実質GDP 利子率

f

貨幣需要関数

L

貨幣需要

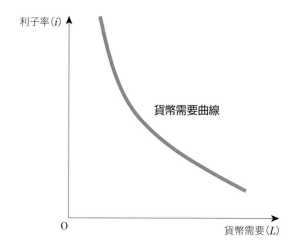

図2.2 貨幣需要曲線

利子率(i)

貨幣需要曲線

O

貨幣需要(L)

縦軸に利子率 i，横軸に貨幣需要 L をとると，利子率と貨幣需要の関係を表す貨幣需要曲線のグラフは図2.2のような右下がりの曲線として表される。

2.4 貨幣の供給

日本では，中央銀行である日本銀行が唯一の発券銀行であり，貨幣の供給を担っている。日本銀行が直接管理できる貨幣は，ハイパワードマ

ネー（統計上はマネタリーベース，あるいはベースマネー）と呼ばれる。

●ハイパワードマネー（マネタリーベース，ベースマネー）

ハイパワードマネーは，現金通貨と日銀当座預金から構成される。ここで，現金通貨は，日本銀行券発行高（紙幣のこと）と貨幣流通高（硬貨のこと）から構成される。

ハイパワードマネー＝現金通貨＋日銀当座預金
現金通貨＝日本銀行券発行高＋貨幣流通高

ハイパワードマネーを構成する現金通貨と日銀当座預金は，日本銀行にとって負債であり，日本銀行が自ら管理することができるものである。日本銀行がハイパワードマネー等を管理する金融政策については，第10章で説明する。

また，日銀当座預金とは，金融機関が日本銀行に保有する当座預金（小切手や手形で支払いを行うための預金）のことである。日銀当座預金は以下3つの役割を果たしている。

① 金融機関，日本銀行，国との間の決済
② 現金通貨の支払準備
③ 金融機関が日本銀行に預けておく預金（準備預金と呼ばれる）

金融機関は，「準備預金制度に関する法律」において，預金の一定比率（預金準備率）を日本銀行に預け入れることが義務づけられている（法定準備率と呼ばれる）。

なお，やや細かい点ではあるが，金融機関が日本銀行に日銀当座預金の口座を保有している場合には，準備預金は日銀当座預金と同じものを指す。

●貨幣供給量

　経済に供給されるお金は，マネーストックと呼ばれ，ハイパワードマネーとは異なる概念である。マネーストックは，貨幣供給量，貨幣量，マネーサプライとも呼ばれる。マネーストックは現金通貨と預金通貨から構成される。

> 貨幣供給量＝現金通貨＋預金通貨

　日本銀行は，預金通貨を直接管理することはできないため，マネーストックを直接管理することもできない。日本銀行は，ハイパワードマネーの管理を通じて，間接的に，マネーストックの安定的な供給を目指している。

●信用創造

　なぜ日本銀行は，ハイパワードマネーを管理することで，マネーストックに影響を与えることができるのだろうか。

　日本銀行が日銀当座預金（したがって，ハイパワードマネー）を増やすと，各銀行は増加した資金を活用するために，家計や企業に貸出を行う。すると，家計や企業の保有する現金や預金が増加するので，マネーストックも増える。家計や企業が借りた資金を預金すると，預金を受け入れた銀行は再び貸出を増やすことができるため，マネーストックの増加はさらに続く。結果として，マネーストックが，ハイパワードマネーの増加分以上に増大することになる。この現象は信用創造と呼ばれる。ハイパワードマネーが1単位増えたときに，マネーストックがその何倍増えるかを示す値は信用乗数（貨幣乗数）と呼ばれる。信用乗数が大きいほど，波及効果も大きくなる。

●信用創造の数値例

　分析を簡単にするため，家計や企業が，借りたお金を全て銀行に預ける（預金通貨のみで現金通貨はなし）とする。また，預金準備率が10%であるとする。

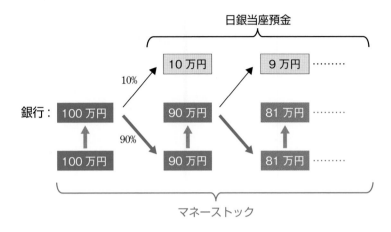

図2.3　信用創造のイメージ

日銀当座預金

銀行：　100万円　→　10%　→　10万円　　9万円 ……

100万円　→　90%　→　90万円　81万円 ……

100万円　　90万円　　81万円 ……

マネーストック

　ここで，企業が，保有する国債等の金融資産を中央銀行に売却することで得た100万円（このときハイパワードマネーは100万円増加している）を銀行に全て預ける場合の信用創造を考える。

　預金準備率が10%であるため，銀行は100万円×10%＝10万円を日銀当座預金に預け，残りの90万円（＝100万円×90%）を貸出に回す。この貸し出されたお金は最終的にどこかの銀行に預金される。銀行はこの90万円のうち10%，すなわち90万円×10%＝9万円を日銀当座預金に預け，残りの81万円（＝90万円×90%）を貸出に回す。この81万円は最終的にどこかの銀行に預金される。このプロセスがどこまでも継続することになる。

　当初のハイパワードマネーの増加は，最終的に，何倍のマネーストックの増加をもたらすだろうか。【ヒント：ここでは現金通貨を考えていないため，マネーストックは預金通貨のみから構成される。また，無限等比級数の和の公式 $\left(1+x+x^2+\cdots=\dfrac{1}{1-x}\right)$ を使う。】

　マネーストックの増加分は，100万円＋90万円＋81万円＋…＝100万円×$(1+0.9+0.9^2+\cdots)$ となる。このため，無限等比級数の和の公式を用いると，100万円÷$(1-0.9)$＝1000万円となる。当初のハイパワード

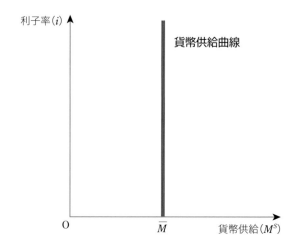

図 2.4　貨幣供給曲線

利子率(i)

貨幣供給曲線

O　　　　　　$\overline{M}$　　貨幣供給(M^S)

マネーの増加分が 100 万円であったことから，最終的に，10 倍のマネー
ストックの増加がもたらされたことがわかる。この 10 が信用乗数（貨
幣乗数）である。

●利子率と貨幣供給の関係

　前項で説明したように，貨幣は日本銀行によって供給される。日本銀
行が金融政策（第 10 章で解説する）を変更しない限り，貨幣供給は利
子率の水準とは独立に一定の値となる。

　縦軸に利子率 i，横軸に貨幣供給 M^S（ここで S は単なる添え字）を
とると，利子率と貨幣供給の関係を表す貨幣供給曲線のグラフは図 2.4
のような垂直な直線として表される。これは，利子率がどのような水準
であっても，貨幣供給が一定の値 $\overline{M}$ をとることを意味している。

2.5　利子率の決まり方

　これまで説明してきたように，利子率は，貨幣需要と貨幣供給が等し

図2.5 均衡利子率の決定

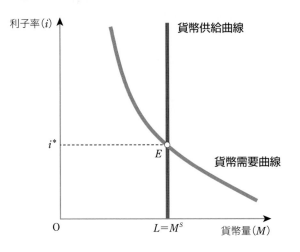

くなるように決定される。ここで，貨幣需要は，利子率が上昇すると減少する一方，貨幣供給は，利子率にかかわらず一定の値となる。需要＝供給となる状態は，均衡と呼ばれ，均衡での利子率は均衡利子率と呼ばれる。

　縦軸に利子率 i，横軸に貨幣量 M をとってグラフを描くとき，均衡利子率 i^* は，貨幣需要曲線と貨幣供給曲線の交点 E で決定される。

　なお，利子率が均衡利子率より高い場合には，貨幣需要が貨幣供給を下回るため，利子率が下落することで元の均衡の状態に戻る。一方，利子率が均衡利子率より低い場合には，貨幣需要が貨幣供給を上回るため，利子率が上昇することで元の均衡の状態に戻る。このように，貨幣市場では，貨幣需要と貨幣供給が等しくなるように，利子率が調整されている。

2.6　フィッシャー方程式

　これまでの議論では，物価の水準が一定とされていた。しかし，利子

の金額が同じでも，物価が継続的に上昇する状況（インフレーション）では，利子の実質的な価値は目減りする。このため，物価の変動を考慮する場合には，数字上の利子率（名目利子率とも呼ばれる）と，実質的な価値を表す実質利子率を区別することが重要となる。

●名目利子率と実質利子率の関係

現時点で，銀行に1年間1だけ預け，年間の（名目）利子率がiで表されるとする。このとき，1年後の預金の名目値は$1+i$と表される。一方，実質利子率をrとすると，1年後の預金の実質値は$1+r$と表される。

ここで，物価が現時点のP_0から1年後にP_1に上昇し，現時点から1年後にかけての年率のインフレ率がπで表されるとする。このとき，名目利子率iと実質利子率rとの間の関係は，インフレ率πを用いてどのように表されるだろうか。

まず，1年後の預金の実質値は，1年後の預金の名目値に現時点での物価をかけて，1年後の物価で割ったものである。このため，$1+r=(1+i)\dfrac{P_0}{P_1}$ と表される。

●数 値 例

例えば，現時点での物価が100円，名目の利子率が1%（$i=0.01$），1年後の物価が101円であるとして，銀行に100円預ける状況を考える。現時点での預金の実質的な価値は$100 \div 100 = 1$である。この100円の預金は，1年後には101円になっている。1年後の物価が101円であるとすると，1年後の預金の実質的な価値は$101 \div 101 = 1$，実質利子率rは0となる。

続いて，インフレ率は，P_0からP_1にどれだけの割合上昇したのかを意味するため，$\pi = \dfrac{P_1}{P_0} - 1$と表される（%表示で表したい場合には100をかけたものとなる）。この式を使って，前項の式の$\dfrac{P_0}{P_1}$をπを用いて

書き換えると，$1+r=\dfrac{1+i}{1+\pi}$ と表される。両辺に $1+\pi$ をかけると，以下の式が導かれる。

$$1 + i = (1 + r)(1 + \pi)$$

上の数値例では，名目利子率 i もインフレ率 π も 1%（0.01）であるため，結果的に実質利子率 r が 0 となっており，実質的な価値は変わっていなかったといえる。

　この名目利子率 i と実質利子率 r の間の関係を表す式はフィッシャー方程式と呼ばれる。なお，ある変数 x の値が十分小さい値をとるとき，対数値 $\log(1+x)$ が x と近似できることが知られており，また $\log(AB)$ $=\log A+\log B$ という対数の公式を用いると，フィッシャー方程式を近似的に，以下のように表すこともできる。

$$i = r + \pi$$

上の数値例では，名目利子率 i もインフレ率 π も 0.01 であることから，実質利子率が 0 であることがわかる。

コラム1　信用乗数の数学的導出

　ここでは，現金通貨も存在する場合の信用乗数を導出する。現金通貨を C，預金通貨を D，預金準備を R とすると，信用乗数 m はどのように表されるだろうか。

　信用乗数は，マネーストックをハイパワードマネーで割ったものであり，それぞれの定義より，以下のように表される。

$$m = \frac{M}{H} = \frac{C + D}{C + R}$$

分母と分子を D で割ると，最終的に，信用乗数は，以下の式で表される。

$$m = \frac{\dfrac{C}{D} + 1}{\dfrac{C}{D} + \dfrac{R}{D}}$$

ここで，$\dfrac{C}{D}$ は現金預金比率，$\dfrac{R}{D}$ は預金準備率を表す。預金準備率 $\dfrac{R}{D}$ は1より小さいため，信用乗数は1より大きくなることがわかる。このことは，ハイパワードマネーを増加させると，銀行による貸出（融資）を通じて，それ以上のマネーストックの増加がもたらされることを意味している。

コラム2　名実逆転

　近似的なフィッシャー方程式 $i = r + \pi$ は，現実経済の分析にも用いられる。この式によると，インフレ率 π がプラスの状態にあると，名目利子率 i が実質利子率 r を上回る一方，インフレ率 π がマイナスの状態にあると，名目利子率 i が実質利子率 r を下回る逆転現象（名実逆転）が発生することになる。以下のグラフからは，日本がデフレ（インフレ率 π が継続的にマイナスの状態）に陥っていた1998年以降を中心に，名実逆転が発生していたことが読み取れる。

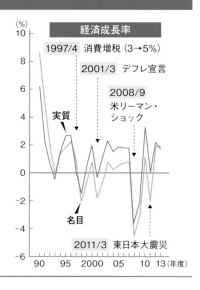

日本における名実逆転

(出所) 日本経済新聞 (2012年8月19日，3面)

◆ 練習問題

問 2.1　空欄に当てはまる用語として適当なものはどれか。

金融論では，（　）の観点から，貨幣とその他の金融資産の 2 つに分けて分析することが一般的である。

① 流動性と効率性
② 流動性と収益性
③ 流動性と公平性
④ 効率性と収益性
⑤ 効率性と公平性
⑥ 収益性と公平性

問 2.2　空欄に当てはまる用語として適当なものはどれか。

経済全体でみると，取引動機に基づく貨幣需要は，経済全体の取引量に伴って（　）する。

① 増加
② 減少

問 2.3　空欄に当てはまる用語として適当なものはどれか。

投機的動機（富貯蔵動機）に基づく貨幣需要は，利子率が上昇すると（　）する。

① 増加
② 減少

問 2.4　ハイパワードマネーに含まれるものとして適当でないものはどれか。

① 現金通貨
② 預金通貨
③ 日銀当座預金

問 2.5　現金通貨が 10 兆円，預金通貨が 90 兆円，ハイパワードマネーが 50 兆円であるときの信用乗数として，適当なものはどれか。

① 1.8
② 2
③ 5
④ 9
⑤ 10

問 2.6　貨幣市場の分析に関する説明として適当でないものはどれか。

① 縦軸に利子率，横軸に貨幣需要をとると，貨幣需要曲線は右下がりの曲線として描かれる。

② 縦軸に利子率，横軸に貨幣供給をとると，貨幣供給曲線は垂直な直線として描かれる。

③ 貨幣市場では，貨幣需要＝貨幣供給となるように利子率が調整される。

④ 利子率が均衡利子率より高い場合，利子率は上昇する。

問 2.7　近似的なフィッシャー方程式によると，名目利子率が 0%，インフレ率がマイナス 0.1% のとき，実質利子率は何 % になるか。

① −0.2%

② −0.1%

③ 0%

④ 0.1%

⑤ 0.2%

第3章
金融市場の仕組み

- ■ 3.1　金融市場とは
- ■ 3.2　貯蓄と投資
- ■ 3.3　資金循環
- ■ 3.4　日本の資金循環
- ■ 3.5　代表的な金融市場

コラム1　東京証券取引所の市場区分の見直し

　金融市場は，第1章で説明した貨幣とともに，金融システムを構成する重要な要素である。本章では，金融市場とはどのような市場であるのか，金融市場においてなぜ取引が行われ，資金がどのように循環しているのかを解説する。また，金融市場と一口に言っても，様々な金融商品が取引されており，それぞれに市場が存在している。どのような金融市場が存在するのかについても説明する。

3.1　金融市場とは

　第1章で説明したように，金融とは，お金の余っている経済主体（家計等の黒字主体）から，お金の足りない経済主体（企業等の赤字主体）にお金を融通することである。ここで登場する家計等の黒字主体と企業等の赤字主体が金融取引を行う場が金融市場である。そもそもなぜ世の中には赤字主体と黒字主体が存在し，両者の間で金融取引が行われるのだろうか。

●なぜ金融取引が行われるのか？

　自分に必要なものを自分自身で生産する自給自足の経済では，金融取引は必要とされない。しかし，現実には，自給自足の生活を送ることは

難しく，企業などで働いて収入を得て，必要なものをお店などで購入することが一般的である。

　このとき，各経済主体が収入を得るタイミングと支出するタイミングは必ずしも一致しなくなる。その結果，将来に向けて，所得の一部を貯蓄（例えば，家計の教育資金）に回す黒字主体や，投資（例えば，企業の設備投資）として所得以上に支出する赤字主体が現れる。そして，両者の間で直接的・間接的に金融取引が行われることになる。黒字主体と赤字主体の間に入って，金融取引が円滑に進むように取引をまとめる活動は，金融仲介と呼ばれる。

3.2　貯蓄と投資

　前節では，貯蓄を行う黒字主体と投資を行う赤字主体との間で金融取引が行われることを説明した。簡単化のために，海外との取引や政府の活動（徴税や財政支出）は存在しないとして，経済全体でのお金の流れをみると，一国全体の貯蓄は一国全体の投資と等しいという関係が成立する。

●貯蓄と投資が等しくなる理由
　ここでは，前述の通り，分析を簡単化するため，海外との取引や政府の活動を考慮しない。

〈ステップ1〉　貯蓄とは
　貯蓄とは，所得から消費を差し引いたものである。一国全体の所得は，一国全体の生産活動によって生み出されるため，国内総生産に等しくなる。このため，一国全体の貯蓄，国内総生産，一国全体の消費をそれぞれ，S, Y, C という記号で表すと，以下の関係が成立する。

$$S = Y - C$$

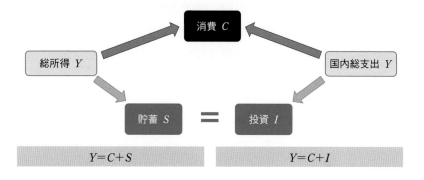

図3.1　貯蓄＝投資のイメージ

消費 C

総所得 Y　　　　国内総支出 Y

貯蓄 S ＝ 投資 I

$Y=C+S$　　　　$Y=C+I$

〈ステップ2〉　投資とは

　投資は，消費とともに，一国全体の国内総生産に対する支出（国内総支出）の構成要素である。このため，一国全体の投資を I という記号で表すと，以下の関係が成立する。

$$C + I = Y$$

〈ステップ3〉　貯蓄＝投資

　ステップ2で導出された式の両辺から C を差し引くと以下が得られる。

$$I = Y - C$$

　この式と，ステップ1で導出された式を比較すると，右辺が同一であることから，$S=I$，すなわち一国全体の貯蓄が一国全体の投資と等しいという関係が成立することがわかる。

3.3　資金循環

　資金循環とは，黒字主体から赤字主体へ，ネット（差し引き）でどれだけの資金が動いているのかを示すものである。日本全体での金融取引

の流れや結果として蓄積される金融資産・負債を記録した統計として，日本銀行が作成・公表している「資金循環統計」がある。資金循環統計には，一定期間の金融取引による資産・負債の増減を記録した「金融取引表（フロー表）」と，期末時点の残高を記録した「金融資産・負債残高表（ストック表）」が含まれている。

●金融取引表（フロー表）

部門別（家計，企業，政府，海外）の「資金過不足」（資金運用－資金調達）をみると，それぞれの部門でどの程度資金余剰や資金不足が発生したのかがわかる。例えば，家計が貯蓄を増やすと，資金余剰は増加する。また，企業が設備投資を増やすと，資金不足は増加する。

●金融資産・負債残高表（ストック表）

金融資産・負債残高表（図 3.2）では，期末時点での部門別の金融資産・負債の残高やその内訳がわかる。例えば，図 3.2 をみると，2020年 3 月末時点での家計の金融資産残高が約 1800 兆円で，うち現金・預金が 1000 兆円を占めていることがわかる。また，図の矢印を追っていくと，銀行等の預金取扱機関が家計や企業からの預金で資金を調達し，家計・企業・政府の借入を賄っていることもわかる。

3.4　日本の資金循環

日本の資金循環はどのような変遷をたどってきたのだろうか。図 3.3は，1980 年代から 2010 年代にかけての，日本の部門別，すなわち家計，企業（事業法人），政府，海外部門それぞれの資金過不足の推移を示したものである。

1980 年代半ばまでは，家計が大幅な資金余剰部門であったのに対して，政府，企業，海外は資金不足部門であり，家計から他の部門に資金が流れていた。1980 年代後半になると，政府は，バブル景気の税収増大に

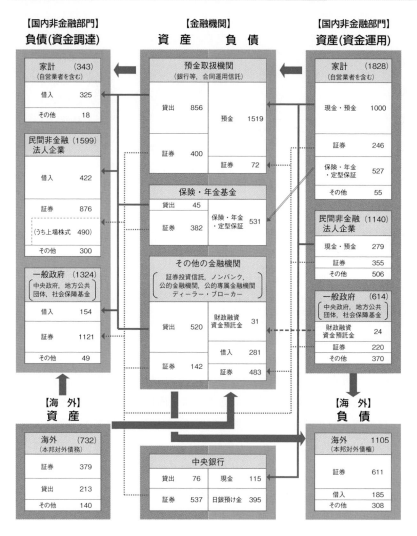

図3.2　部門別の金融資産・負債残高（2020年3月末，兆円）

【国内非金融部門】
負債（資金調達）

【金融機関】
資　産　　　負　債

【国内非金融部門】
資産（資金運用）

家計　　　　　（343）
（自営業者を含む）

借入	325
その他	18

民間非金融　（1599）
法人企業

借入	422
証券	876
（うち上場株式	490）
その他	300

一般政府　　（1324）
中央政府，地方公共
団体，社会保障基金

借入	154
証券	1121
その他	49

預金取扱機関
（銀行等，合同運用信託）

貸出	856	預金	1519
証券	400	証券	72

保険・年金基金

貸出	45	保険・年金	531
証券	382	・定型保証	

その他の金融機関
〔証券投資信託，ノンバンク，
公的金融機関，公的専属金融機関
ディーラー・ブローカー〕

貸出	520	財政融資資金預託金	31
		借入	281
証券	142	証券	483

家計　　　　（1828）
（自営業者を含む）

現金・預金	1000
証券	246
保険・年金・定型保証	527
その他	55

民間非金融　（1140）
法人企業

現金・預金	279
証券	355
その他	506

一般政府　　　（614）
中央政府，地方公共
団体，社会保障基金

財政融資資金預託金	24
証券	220
その他	370

【海　外】
資　産

海外　　　　（732）
（本邦対外債務）

証券	379
貸出	213
その他	140

中央銀行

貸出	76	現金	115
証券	537	日銀預け金	395

【海　外】
負　債

海外　　　　1105
（本邦対外債権）

証券	611
借入	185
その他	308

（注1）　主要部門，主要項目を抜粋して資金循環のイメージを示している。
（注2）　貸出（借入）には，「日銀貸出金」「コール・手形」「民間金融機関貸出」「公的金融機関貸出」「非金融部門貸出金」「割賦債権」「現先・債券貸借取引」が含まれる。
（注3）　証券には，「株式等・投資信託受益証券」および「債務証券」（「国債・財投債」「金融債」「事業債」「信託受益権」等）が含まれる（本邦対外債権のうち証券については，「対外証券投資」）。
（注4）　その他には，合計と他の表示項目の差額を計上している。
（出所）　日本銀行調査統計局（2021）『資金循環統計の解説』
　　　　　https://www.boj.or.jp/statistics/outline/exp/data/exsj01.pdf

図3.3　部門別の資金過不足

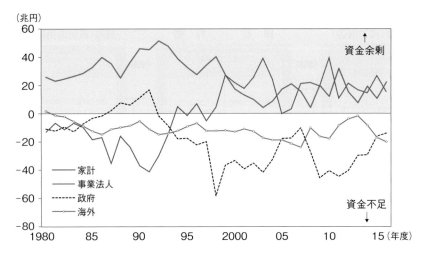

（原典）　日本銀行「資金循環統計」
（注）　資金循環統計上，事業法人，政府は，それぞれ「民間非金融法人企業」「一般政府」と呼ばれる。なお，家計には，
　　　　個人企業が含まれる。
（出所）　日本銀行調査統計局（2018）「資金循環統計からみた最近のわが国の資金フロー――家計，事業法人を中心に―」
　　　　https://www.boj.or.jp/research/brp/ron_2018/ron180525a.htm/

より一時的に資金余剰部門となったが，1990～1991年のバブル崩壊に
伴う税収の減少や財政赤字の拡大により再び資金不足部門となった。
1990年代後半の金融危機以降，2000年代初頭にかけては，企業が金融
機関への借入返済を進めて大幅な資金余剰を記録し，家計を凌ぐほどに
なった。2010年代は低金利と景気回復を反映して，政府の資金不足が
縮小傾向となり，家計・企業の余剰資金は海外に向かった（日本の資金
循環の詳細にご関心のある方は，日本銀行調査統計局（2018）「資金循
環統計からみた最近のわが国の資金フロー―家計，事業法人を中心に
―」をご参照のこと）。以上のように，日本の資金循環は，景気，金融，
財政の状況を反映して，ダイナミックに変化してきた。

3.5 代表的な金融市場

　現実の金融市場には，扱う金融商品の種類に対応した，様々な市場が存在する。代表的なものとして，株式市場，債券市場，資金市場，外国為替市場，デリバティブ市場が挙げられる。

●株式市場

　株式市場とは，「株式」を売買する市場である。株式とは，株式会社が投資家に出資してもらうために発行するものである。投資家が株式を購入すると，「株主」となり，保有する株式数に応じて株主総会での議決権を付与されるとともに，会社に利益が出て配当を支払うことを決定した場合には，配当を受け取る権利も得られる。株式については，第5章および第6章で説明する。

　株式の取引形態には，証券取引所で取引されている（上場）株式を多くの投資家が売買する取引所取引と，証券会社と投資家とが1対1（相対）で売買を行う店頭取引がある。日本では，取引所取引が中心であり，株式会社日本取引所グループ（JPX）傘下の東京証券取引所（東証）が代表的な証券取引所である。

●債券市場

　債券市場とは，「債券」を売買する市場である。債券とは，企業や政府が投資家から資金を借りるために発行するものである。つまり，企業や政府の借金証書のことである。企業が発行するものは社債，国が発行するものは国債，地方自治体が発行するものは地方債と呼ばれる。投資家が債券を購入すると，満期日（発行者が借りた期間の最終日）に元本（発行者が借りた額面金額）が返済されるとともに，定期的にクーポン（利子）が支払われる。なお，債券の中には，定期的にクーポンを支払う（このタイプの債券は利付債と呼ばれる）代わりに，購入時に額面金額より安く発行する割引債も存在する。

　債券の満期までの期間（残存期間）と最終利回り（債券を購入して満

図3.4　順イールドカーブ

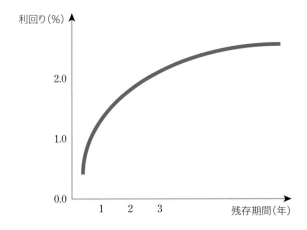

図3.5　逆イールドカーブ

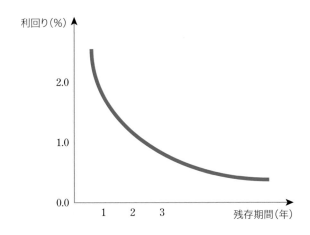

期日まで保有した場合の，投資金額に対する収益の割合）の関係を表し
たグラフは，イールドカーブと呼ばれる。図3.4が示すように，残存期
間が長いほど利回りは高くなる傾向があり，このような右上がりのカー
ブは順イールドカーブと呼ばれる。

　ただし，残存期間が長くなるほど利回りが低くなることもある。例え

図3.6　格付けのイメージ

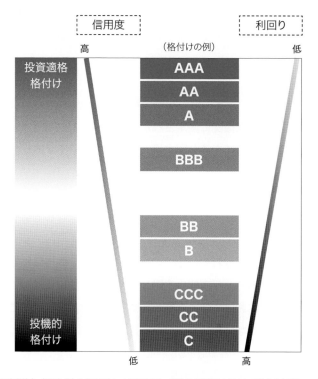

（出所）　日本証券業協会（2021）「今さら聞けない！投資 Q&A―債券の「格付け」について教えてください―」を参照して作成。
https://www.jsda.or.jp/jikan/qa/046.html

ば，一時的に利子率が上昇し，将来の利子率低下が予想される場合に発生する。このときのグラフは，図3.5のように右下がりとなり，逆イールドカーブと呼ばれる。

　各債券の利回りは，残存期間だけでなく，発行した経済主体（企業や政府）の信用度（元本や利子がどの程度確実に返済されるか）によっても変化する。信用度が高いほど利回りが下がる一方，信用度が低いほど利回りが上がる傾向がある。

　信用度については，図3.6のような，格付け会社が公表している格付けがある程度参考になる。最も格付けの高い AAA（トリプル A）格の

債券の利回りは最も低く，最も格付けの低い C（シングル C）格の債券の利回りは最も高い。BB（ダブル B）格以下の債券は，投資不適格とみなされており，ジャンクボンド，ハイイールド債等と呼ばれている。

●資金市場

　資金市場とは，1 年未満の短期の資金の貸し借りが行われる市場である。参加者が金融機関に限定されたインターバンク市場と，金融機関以外の投資家も参加できる公開市場（オープンマーケット）から構成される。

　代表的なインターバンク市場には，コール市場がある。コール市場では，無担保コールレートオーバーナイト物（担保なしで借りて，翌営業日に返済するもの）の取引が中心となっており，1990 年代以降の金融政策の操作目標とされていた。また，代表的な公開市場には，債券市場や株式市場がある。代表的な金融政策である公開市場操作では，中央銀行が公開市場において債券等を売買することで，貨幣供給に影響を与えている。伝統的な金融政策については，第 10 章で説明する。

●外国為替市場（為替市場）

　外国為替市場とは，円やドルなど異なる通貨を交換する市場である。参加者が金融機関に限定されたインターバンク市場と，商社や個人などが金融機関と取引を行う対顧客市場から構成される。商社や個人などは，輸出入や海外旅行などの目的のために，対顧客市場で金融機関と通貨の交換を行っている。対顧客市場で取引を行った金融機関は，資金の運用や調達を行うために，インターバンク市場に参加している。

　異なる通貨間の交換比率は為替レートと呼ばれる。例えば，1 ドル＝100 円と表示されているとき，1 ドルを 100 円，あるいは 100 円を 1 ドルに交換できることを意味する。為替レートについては，第 13 章で説明する。

●デリバティブ市場

　デリバティブ市場とは，「デリバティブ（金融派生商品）」を売買する市場である。デリバティブとは，株式，債券，為替，原油といった，対象となる金融資産（原資産）から派生した取引のことである。株価，利子率，為替レート，原油価格といった原資産の価格は刻々と変化しており，このような価格変動のリスクを避けたい投資家と，リスクをとって高い収益を得たい投資家との間で取引が行われる。

　代表的なデリバティブには以下が挙げられる。

①　先物取引
②　オプション取引
③　スワップ取引

●先物取引

　先物取引とは，取引所で売買されるもので，将来の決められた受渡日に，現時点で決められた価格で取引する契約のことである。決済時には，価格変動分（値上がり益あるいは値下がり損）のみを支払うことになる。なお，契約時に投資家は証拠金を支払うが，値下がり損が大きくなる場合には，追加の証拠金を支払う必要がある。

　先渡契約は，将来の決められた受渡日に，現時点で決められた価格で取引する契約であるという点で，先物取引と似ている。しかし，取引所ではなく，契約内容を相対で決める店頭取引による契約である。また，証拠金や追加の証拠金の支払いは必要とされないという違いもある。

●オプション取引

　オプション取引とは，現時点で決めた価格で，対象となる金融資産を将来時点で取引できる権利を売買する契約のことである。購入する契約はコール・オプション，売却する契約はプット・オプションと呼ばれる。コール・オプションやプット・オプションの買い手は，権利を将来時点で行使するか放棄するかを自由に選択できる。一方，オプションの売り

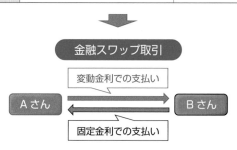

図3.7 金利スワップのイメージ

	Aさん	Bさん
現　状	固定金利での支払い	変動金利での支払い
ニーズ	変動金利での支払い	固定金利での支払い

金融スワップ取引

変動金利での支払い

Aさん　　　　　　　　Bさん

固定金利での支払い

手は必ず契約を履行しなくてはならない。現時点で決めた価格は行使価格と呼ばれる。

●スワップ取引

スワップ取引とは，将来発生するキャッシュフロー（資金の出入り）のパターンを，別のパターンのキャッシュフローと交換する契約のことである。例えば，代表的なスワップ取引である金利スワップでは，もともと固定金利で支払っていたAさんが変動金利に切り替えたい場合，逆のニーズを持つ（変動金利から固定金利での支払いに切り替えたい）Bさんに対して変動金利を支払い，BさんがAさんに固定金利を支払う契約が結ばれる。

コラム1　東京証券取引所の市場区分の見直し

　3.5節の株式市場の項で説明したように，東京証券取引所は日本を代表する証券取引所である。2022年3月まで，東京証券取引所では，株式を売買する市場が，市場第一部，市場第二部，マザーズ，JASDAQ（スタンダード，グロース）の4市場に区分されていた。しかし，2022年4月より，プライム市場，スタンダード市場，グロース市場の3区分に再編されることになった。この再編によって，各区分のコンセプトが明確化されるとともに，上場している会社には，持続的に企業価値を向上させるための動機付けを行うことが期待されている（詳細は，JPX日本取引所グループの下記HPにおける「市場区分見直しの概要」をご参照のこと）。

https://www.jpx.co.jp/equities/market-restructure/market-segments/index.html

東京証券取引所の市場区分の見直し

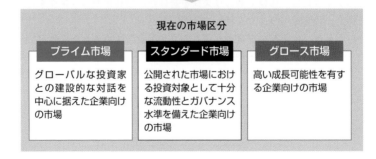

（出所）　JPX日本取引所グループ（2022）「市場区分見直しの概要」
　　　　　https://www.jpx.co.jp/equities/market-restructure/market-segments/index.html

◆ 練習問題

問 3.1 簡単化のために，海外との取引や政府の活動（徴税や財政支出）は存在しないとする。国内総生産，一国全体の消費がそれぞれ，500 兆円，300 兆円であるとき，一国全体の貯蓄および投資はそれぞれいくらになるか。

問 3.2 1980 年代から 2010 年代にかけての，日本のマクロ的資金循環の特徴として適当でないものはどれか。
① 1980 年代から 2010 年代まで，家計は一貫して資金余剰部門であった。
② 1990 年〜1991 年のバブル崩壊により，政府は資金不足部門となった。
③ 1990 年代後半の金融危機以降，2000 年代初頭にかけて，企業は資金不足部門となった。
④ 2010 年代は低金利と景気回復を反映して，政府の資金不足が縮小傾向となった。

問 3.3 代表的な金融市場に関する記述として適当でないものはどれか。
① 店頭取引では，証券会社と投資家とが 1 対 1 で売買を行う相対取引が行われている。
② 残存期間が長いほど利回りが高くなるとき，イールドカーブは右上がりのグラフとなる。
③ 債券の格付けが低いほど信用度が低く，利回りが下がる傾向がある。
④ コール市場はインターバンク市場である。

問 3.4 デリバティブに関する記述として適当でないものはどれか。
① デリバティブには，価格変動のリスクを避けたい投資家からリスクをとって高い収益を得たい投資家へリスクを移転する機能がある。
② 先物取引とは，取引所で売買されるもので，将来の決められた受渡日に，現時点で決められた価格で取引する契約のことである。
③ プット・オプションとは，現時点で決めた価格で，対象となる金融資産を将来時点で取引できる権利を購入する契約のことである。
④ スワップ取引とは，将来発生するキャッシュフローのパターンを，別のパターンのキャッシュフローと交換する契約のことである。

第 2 部

ファイナンス

ポートフォリオ選択

　第1部で説明したように，世の中には様々な金融資産が存在している。このため，資産運用をする際には，投資する金融資産の組合せ（ポートフォリオと呼ばれる）を検討することになる。本章では，リターンやリスクといった，資産運用には欠かせない基礎的な概念を押さえたうえで，リターンとリスクの観点から，ポートフォリオを選択する際の基盤となる平均・分散アプローチや分離定理の考え方について解説する。

4.1　リターンとリスク

　資産運用をする場合には，リターンとリスクのバランスが非常に重要となる。ハイリスク・ハイリターン，ローリスク・ローリターン等は日常用語にもなっているが，金融の世界で，リターンとリスクは以下のように捉えられている。

●リターン

　リターンとは，投資から得られる収益のことである。投資額に対するリターンの割合は，収益率と呼ばれる。資産運用において，リターンは

将来得られることから，期待収益率，すなわち収益率の期待値で表される。

　なお，第2章で説明した利子率と同様に，物価が継続的に上昇する状況（インフレーション）では，リターンの実質的な価値は目減りする。このため，物価の変動を考慮する場合には，数字上の収益率（名目収益率とも呼ばれる）と，実質的な価値を表す実質収益率を区別することが重要となる。名目収益率と実質収益率との間には，以下の関係が成立する。

実質収益率＝名目収益率－インフレ率

●リ　ス　ク

　リスクとは，将来得られる収益が確実ではないものの，ある確率で発生する事象（例えば，好況・不況等）それぞれにおける収益がわかっている状況を指す。将来得られる収益が確実な資産が安全資産と呼ばれるのに対して，リスクのある資産は危険資産と呼ばれる。資産運用において，リスクは収益率の分散あるいは標準偏差で表される。

　コラム1（53頁）ではリターンとリスクの数値例を紹介する。

4.2　平均・分散アプローチ

　平均・分散アプローチとは，リターンとリスクの観点から，最適なポートフォリオを選択する手法である。このアプローチでは，リターンが同じ場合には，投資家がよりリスクの低い資産に投資することが前提とされている。このような投資家の性質は，リスク回避的（危険回避的）と呼ばれる。なお，リターンが同じ場合に，投資家がよりリスクの高い資産に投資する性質はリスク愛好的，リスクの同じ資産に投資する性質はリスク中立的と呼ばれる。ポートフォリオ選択理論では，投資家がリスク回避的であると想定されることが一般的となっている。

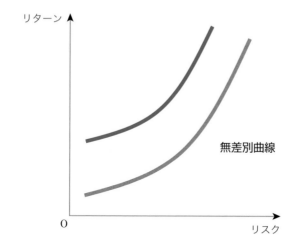

図 4.1　リスク回避的な投資家の無差別曲線

リターン

無差別曲線

O

リスク

　縦軸にリターン，横軸にリスクをとるとき，リスク回避的な投資家の無差別曲線（投資家に同じ効用，すなわち同じ満足度をもたらすリターンとリスクの組合せ）は，図 4.1 のように右上がりの曲線として描かれる。左上に位置する無差別曲線上では，同じリターンに対してはローリスク，同じリスクに対してはハイリターンとなるため，右下に位置する無差別曲線よりも，高い効用をもたらす。

4.3　分散投資の効果

　資産運用の格言に，「全ての卵を 1 つのバスケットの中に入れるな（Don't put all your eggs in one basket）」というものがある。この格言は，ポートフォリオを選択する際に，分散して投資することの重要性を示唆している。

　例えば，2 つの金融資産 A と B があり，資産 A の収益率は好況時に 10%，不況時に 0% であるのに対して，資産 B の収益率は好況時に 0%，不況時に 10% であるとする。また，好況と不況はそれぞれ 50% の確率

表 4.1　分散投資の効果の数値例

	好況（50%）	不況（50%）
資産 A の収益率	10%	0%
資産 B の収益率	0%	10%

で発生すると仮定する。表 4.1 は以上の設定をまとめたものである。

　資産 A のみに投資した場合のリターンは，期待収益率 $=0.1 \times 0.5 + 0 \times 0.5 = 0.05$ より 5%，資産 B のみに投資した場合のリターンは，期待収益率 $=0 \times 0.5 + 0.1 \times 0.5 = 0.05$ より 5% と計算される。したがって，資産 A のみに投資しても，資産 B のみに投資しても，両方の資産を購入しても，リターンはいずれのケースも 5% である。

　しかし，リスクに注目してみると，資産 A のみに投資した場合，あるいは資産 B のみに投資した場合には，好況になるか，不況になるかによって，収益率が 10% か 0% か大きく変動してしまう。それに対して，資産 A と資産 B にそれぞれ 50% ずつ投資する場合，好況時の収益率は $0.5 \times 0.1 + 0.5 \times 0 = 0.05$ より 5%，不況時の収益率は $0.5 \times 0 + 0.5 \times 0.1 = 0.05$ より 5% となり，収益率が経済の状態に左右されておらず，両方の資産に投資することで，リスクが相殺されていることがわかる。

　以上の数値例が示すように，複数の金融資産に投資することで，リスクを分散することが可能となる。なお，投資する金融資産を選択する際には，異なるタイプの金融資産に投資しないと，リスク分散の効果は得られない。例えば，資産 A に加えて，資産 A と同様に好況時に 10%，不況時に 0% の収益率となる金融資産にいくつも投資したところで，収益率の変動，すなわちリスクは変わらない。このように，複数の金融資産に投資するといっても，金融資産同士の連動性（代表的なものとしては，相関係数や共分散）が低いものを選択することがリスク低減のためには重要となる。

図4.2　2資産が完全に相関している場合の機会曲線のイメージ

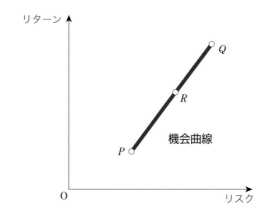

●投資で実現可能なリターンとリスクの組合せ

　前項では，2資産を50％ずつ保有する数値例を紹介したが，現実には，保有する資産の割合を選択することができる。さらに，数値例では，資産 A と資産 B の収益率が完全に対称的なケース，すなわち完全に逆相関している（相関係数が －1 である）状況を考察していたが，現実の金融資産間の連動性の度合いは様々である。このため，投資によって，実現可能なリターンとリスクの組合せは，金融資産に投資する割合や金融資産同士の連動性に応じて，様々な値を取りうる。

　金融資産同士の連動性を表す相関係数が与えられたものとして，投資の配分を色々と変えたときに，実現可能なリターンとリスクの組合せは，機会曲線と呼ばれる。

●2資産が完全に相関している場合

　図4.2は，相関係数が1，すなわちある2つの資産 P と資産 Q が経済等の状態に対して完全に同じように反応する場合の一般的な機会曲線のイメージを描いたものである。縦軸にリターン，横軸にリスクをとるとき，資産 P に100％，資産 Q に0％投資する場合のリターンとリスクの組合せは点 P，資産 P に0％，資産 Q に100％投資する場合のリターンとリスクの組合せは点 Q で表される。それぞれの資産への投資の割

図4.3　2資産が完全に逆相関している場合の機会曲線のイメージ

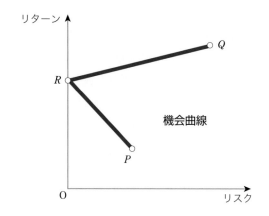

合が0%と100%の間にある場合には，点Pと点Qを結んだ直線上のいずれかの点で表される。

● 2資産が完全に逆相関している場合

　図4.3は，相関係数が −1，すなわちある2つの資産Pと資産Qが経済等の状態に対して完全に正反対の反応をする場合の一般的な機会曲線のイメージを描いたものである。縦軸にリターン，横軸にリスクをとるとき，資産Pに100%，資産Qに0%投資する場合のリターンとリスクの組合せは点P，資産Pに0%，資産Qに100%投資する場合のリターンとリスクの組合せは点Qで表される。ここまでは，2資産が完全に相関している場合の機会曲線と同じである。

　しかし，それぞれの資産への投資の割合が0%と100%の間にある場合は，完全に相関している場合の機会曲線とは異なる形状となる。ここで，資産Pに100%，資産Qに0%投資している状態から，資産Qへの投資の配分を増やしていくとする。すると，リスク分散の効果により，リターンが上がる一方で，リスクは下がることから，完全にリスクが分散されるポートフォリオRが実現する。しかし，ポートフォリオRよりも，さらに資産Qのウェイトを高めていくと，リスク分散の効果は減衰していく。結果的に，機会曲線は，点Rを境に屈折した直線とし

て表されることになる。

● 2 資産が完全に相関・逆相関していない場合

図 4.4 は，2 つの資産 P と資産 Q が経済等の状態に対して完全に相関も逆相関もしていない場合の一般的な機会曲線のイメージを描いたものである。上記 2 ケースと同様に，縦軸にリターン，横軸にリスクをとるとき，資産 P に 100％，資産 Q に 0％投資する場合のリターンとリスクの組合せは点 P，資産 P に 0％，資産 Q に 100％投資する場合のリターンとリスクの組合せは点 Q で表される。

それぞれの資産への投資の割合が 0％と 100％の間にある場合は，上記 2 ケースの中間形態，すなわち点 P，点 Q，点 R からなる三角形に収まり，点 S でリスクが最小となるような滑らかな曲線として描かれる。

図 4.4 において，機会曲線よりも右側の領域では，機会曲線上の点よりも相対的に高いリスクあるいは低いリターンをもたらすため，効率的な投資とはいえない。また，機会曲線上の点のうち，点 P から点 S の領域も相対的にリターンが低いため，効率的な投資ではない。このことから，機会曲線上の点のうち，リスクが最小となる点 S（最小分散ポートフォリオと呼ばれる）から点 Q までが効率的なポートフォリオとなる。この曲線 SQ は，効率的フロンティアと呼ばれる。

なお，本節では，金融資産が 2 つのケースを説明したが，3 つ以上のケースや数学的導出にご関心のある方は，福田（2020）や大野他（2007）をご参照のこと。

4.4 最適なポートフォリオ

4.2 節および 4.3 節で説明した，平均・分散アプローチおよび分散投資の効果を踏まえると，どのようなポートフォリオが投資家にとって最適となるだろうか。ここでは，2 資産が完全に相関・逆相関していない一般的なケースについて考える。

図4.4　2資産が完全に相関・逆相関していない場合の機会曲線のイメージ

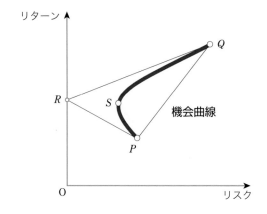

図4.5　最適なポートフォリオの選択

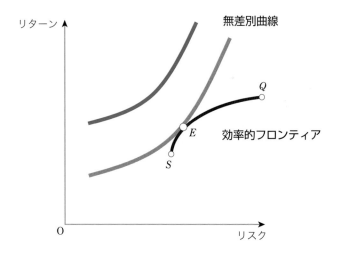

　図4.5は，縦軸にリターン，横軸にリスクをとって，無差別曲線と効率的フロンティアを描いたものである。4.2節で示したように，無差別曲線が左上に位置するほど，投資家はより高い効用を得られる。それに対して，実現可能な効率的ポートフォリオは効率的フロンティア上にある。このため，投資家にとって最適なポートフォリオは，無差別曲線が効率的フロンティアに接する点Eで与えられることになる。

図4.6　安全資産も考慮した最適なポートフォリオの選択

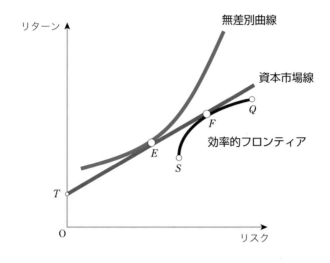

4.5　分離定理

　前節では，2つの資産 P と資産 Q が危険資産であることを前提とし
ていたが，現実には，危険資産だけではなく，リスクのない安全資産に
も投資することが一般的である。そこで，前節で解説したポートフォリ
オの選択に，安全資産 T も加えて考察することにする。

　図4.6は，図4.5に安全資産を導入したものである。安全資産を導入
しても，危険資産同士の連動性には影響を与えないため，効率的フロン
ティアは不変である。安全資産をポートフォリオに追加すると，この効
率的フロンティア上のいずれかの点と点 T とを結ぶ直線上に位置する
ポートフォリオを実現することが可能となる。その中でも，効率的フロ
ンティアに接するように，点 T から引かれた直線（資本市場線と呼ば
れる）上の点は，安全資産も考慮した場合の，最も効率的なポートフォ
リオの組合せを表す。

　したがって，投資家にとって，最適なポートフォリオは，投資家の無

差別曲線と資本市場線の接点である点 E で表されるとともに，最適な危険資産の組合せは点 F で表されることがわかる。この結果は，安全資産が存在する場合の危険資産のポートフォリオが，投資家の無差別曲線とは無関係に決定されることを意味する。このように，危険資産のポートフォリオが投資家のリスクに関する選好からは独立して決定されることは，分離定理と呼ばれる。

コラム1　リターンとリスクの数値例

　ここでは，数値例として，好況が 40％ の確率で発生し，不況が 60％ の確率で発生する状況を考える。好況時の収益率が 50％，不況時の収益率が 10％ であるとする。表は以上の設定をまとめたものである。

リターンとリスクの数値例

	好況（40％）	不況（60％）
収益率	50％	10％

　リターンは期待収益率で表されることから，以下のように計算される。

$$期待収益率＝0.4×0.5＋0.6×0.1＝0.26$$

すなわち，リターンは 26％ と求められる。

　一方，リスクは，収益率の分散あるいは標準偏差で表されることから，それぞれ以下のように計算される。

$$分散＝0.4×(0.5－0.26)^2＋0.6×(0.1－0.26)^2＝0.0384$$
$$標準偏差＝(0.0384)^{\frac{1}{2}}＝0.196 （小数点第四位で四捨五入）$$

なお，分散の式の中に登場する 0.26 は，期待収益率 26％ のことである。

コラム2　コロナ禍における分散投資

　2020年7月11日付日本経済新聞朝刊に，コロナ禍で発生した株価急落に対して，分散投資がある程度効果を発揮していたとの記事が掲載されている。なお，資産価格の決定メカニズムについては，第5章で解説する。

分散投資　コロナ急落時も効果（投信調査隊）
株の下落　債券・金が相殺

　株式などの資産を保有している人にとって，株価の急落は大きな試練だ。2月下旬からの下げ相場では，あまりに急激な資産の減りように運用を中断しようと考えた人もいたかもしれない。そこで思い出したいのが，運用の基本原則である資産の分散だ。

　代表的な指数に連動するインデックス型投資信託の過去6カ月間の基準価格をみると，日本株と先進国株は今年3月下旬にかけての1カ月間に基準価格が3割近く下落した。その後，各国の大規模な金融緩和と財政出動を背景に急速に戻したが，まだわずかに半年前の水準には届いていない。

　それでは資産を分散した場合はどうだったか。分散投資は値動きの傾向が異なる資産を併せて保有し，一つの資産が値下がりしたときには片方の資産が踏ん張って，資産全体の価格変動を抑制するという考え方だ。

　まず，日本株だけの資産構成に，株式と値動きの連動性が低い国内債券を全体の20％組み入れたケースをみてみよう。期間中の日本株が最大で29％下落したのに対し，日本債券を加えた場合は最大下落率が23％に抑えられた。気休め程度の効果はあったといえる。

　次に，国内と先進国の株式と債券と

いう4つの資産をそれぞれ25％ずつ均等に持っていたらどうだったか。最大下落率は15％と日本株の半分だった。3月以降に米国債を中心とした先進国債券が上昇（金利は低下）したのが支えになった。

　さらに効果があったのは国内外の株式と債券に金（ゴールド）を加えた5資産に均等投資したときだ。期間中の最大下落率は12％。6月初めにはいち早く6カ月前の資産額を回復していた点も見逃せない。

　資産の分散は新型コロナウイルスによる株価急落に対しても一定の効果を上げていた。では，資産分散が欠かせないかというと，それは人それぞれ。通常は期待リターンが高い株式の組み入れ比率を下げると，値下がりリスクとともにリターンも薄まってしまうためだ。

　運用期間が20年，30年という超長期の資産形成層で，今回の株価急落でも心が萎えることはなかった人なら，資産を分散しなくてもよいかもしれない。一方，運用期間が限られている人や資産を守ることを優先したいシニア層などは，分散投資を心がけるのがお薦めだ。

（QUICKリサーチ本部　北沢千秋）

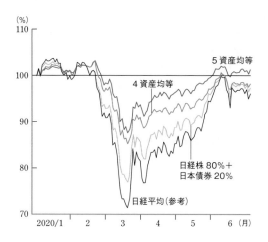

(注)　主要指数に連動する代表的なインデックス型投信の基準価格（分配金再投資ベース）を組み合わせたときの資産価格を 2020 年 1 月 6 日を 100 として指数化（手数料は考慮せず），QUICK 資産運用研究所調べ

(出所)　日本経済新聞（2020 年 7 月 11 日，16 面）

◆ 練習問題

問 4.1　名目収益率が 2％，インフレ率が －1％であるときの実質収益率として適当なものはどれか。

① 　3％

② 　1％

③ 　−2％

④ 　−3％

問 4.2　平均・分散アプローチに関する記述として適当なものはどれか。

① 　平均・分散アプローチでは，リスク中立的な投資家を想定している。

② 　縦軸にリターン，横軸にリスクをとるとき，投資家の無差別曲線上の点でのリターンとリスクの組合せは，投資家に同水準の効用をもたらす。

③ 　縦軸にリターン，横軸にリスクをとるとき，投資家の無差別曲線が右下にあるほど，投資家の効用は高まる。

問 4.3　ある資産 A の収益率が好況時に 15％，不況時に −5％であるとする。好況の発生確率が 60％，不況の発生確率が 40％であるとき，この資産 A の期待収益率は何％となるか。

問4.4 分散投資の効果に関する記述として適当でないものはどれか。

① 金融資産同士の連動性は与えられたものとして，投資の配分を色々と変えたときに，実現可能なリターンとリスクの組合せは，機会曲線と呼ばれる。

② 縦軸にリターン，横軸にリスクをとるとき，相関係数が1である2つの危険資産 P と Q に投資する場合の機会曲線は，各資産のリターンとリスクの組合せを示す点 P と点 Q を結んだ直線として表される。

③ 完全に相関も逆相関もしていない2つの危険資産に投資する場合の機会曲線は，リスクが0となる点を境に屈折した直線として表される。

④ 縦軸にリターン，横軸にリスクをとるとき，機会曲線のうち，最小分散ポートフォリオを表す点より上の曲線部分は，効率的フロンティアと呼ばれる。

問4.5 最適なポートフォリオに関する記述として適当でないものはどれか。

① 2つの危険資産に投資する場合，投資家にとって最適なポートフォリオは，無差別曲線が効率的フロンティアに接する点で与えられる。

② 2つの危険資産からなるポートフォリオに安全資産を追加しても，効率的フロンティアは不変である。

③ 安全資産と2つの危険資産に投資する場合，投資家にとって最適なポートフォリオは，無差別曲線が資本市場線に接する点で与えられる。

④ 安全資産と2つの危険資産に投資する場合，危険資産のポートフォリオが安全資産のリターンから独立して決定されることは，分離定理と呼ばれる。

第5章

資産価格

第4章では，資産運用の際，各金融資産にどれだけ投資することが投資家にとって最適となるかを示した。その際，投資家は，金融資産のリターンやリスクが与えられたものとして，ポートフォリオを選択していた。本章前半では，そもそも債券，株式，デリバティブといった具体的な金融資産の価格がどのように決定されるのかについて解説する。また，後半では，市場のリスクが資産価格に与える影響について理解するために，CAPM（資本資産価格モデル）と呼ばれる考え方について説明する。

5.1 効率的市場仮説

無数の投資家が参加する競争的な金融市場を分析する際には，債券価格や株価といった資産価格が，現時点で利用可能なあらゆる情報を反映しているという意味において，市場が効率的であるとする考え方が一般的となっている。このような考え方は，効率的市場仮説と呼ばれる。

効率的な市場では，同じ価値の資産を安く買って高く売ることで利益を得る（裁定取引と呼ばれる）ことはできない。現実には，効率的市場仮説が必ずしも成立しているわけではないが，思考の出発点として広く用いられている。このため，以下では，効率的市場仮説を前提として，

債券価格，株価，そしてデリバティブの価格の決まり方について解説する。

5.2　債券価格の決まり方

　第3章で説明したように，債券には，満期日（発行者が借りる期間の最終日）に元本（発行者が借りた額面金額）が返済されるとともに，定期的にクーポン（利子）が支払われる利付債と，定期的にクーポンを支払う代わりに，購入時に額面金額より安く発行される割引債が存在する。以下では，利付債と割引債の価格の決まり方を順に解説する。なお，債券には債務不履行となるリスク（信用リスクと呼ばれる）はなく，リスクプレミアム（信用リスクに応じて上乗せされる利子率）は存在しないとする。

●満期1年の利付債の価格の決まり方

　利子率（割引率）がr_tであるとして，1年後にクーポン（利子）Cが支払われるとともに，額面金額Dが償還（返済）される，利付債の価格P_tを考える。満期が1年のため，投資家は，1年後にクーポンCと額面金額Dの合計である$C+D$を受け取ることとなる。

　このとき，利付債の価格P_tは，以下のように，1年後に受け取る金額$C+D$を$1+r_t$で割ることにより求められる。

$$P_t = \frac{C+D}{1+r_t}$$

　なぜ1年後に受け取る金額そのものではなく，$1+r_t$で割るのか。それは，現在の1円の価値と将来の1円の価値が異なるからである。利子率r_tで銀行に1円預けておくと，1年後に$1+r_t$円になることからもわかるように，実は現在の1円は1年後の$1+r_t$円と同じ価値を持っている。このため，図5.1で示しているように，1年後に受け取る金額を

図5.1　満期1年の利付債のイメージ

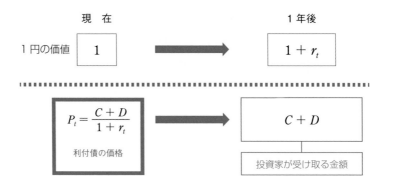

$1+r_t$ で割ることで，現在の価格を求めることになる。なお，このように，将来得るお金を現在のお金に換算した価値は割引現在価値と呼ばれる。詳細については，第6章で解説する。

●満期 $T(>1)$ 年の利付債の価格の決まり方

　利子率（年率換算の割引率）が R_t であるとして，毎年末にクーポン（利子）C が支払われるとともに，満期には額面金額 D が償還（返済）される，利付債の価格 P_t を考える。満期が T 年のため，投資家は，$T-1$ 年まではクーポン C のみを受け取り，T 年にクーポン C と額面金額 D の合計である $C+D$ を受け取ることとなる（図5.2）。このため，割引債の価格 P_t は，以下のように，$T-1$ 年までの C の割引現在価値と，T 年の $C+D$ の割引現在価値の合計として求められる。

$$P_t = \frac{C}{1+R_1} + \frac{C}{(1+R_2)^2} + \cdots + \frac{C}{(1+R_{T-1})^{T-1}} + \frac{C+D}{(1+R_T)^T}$$

●満期1年の割引債の価格の決まり方

　利子率（割引率）が r_t であるとして，1年後に額面金額 D が償還（返済）される，割引債の価格 P_t を考える。割引債ではクーポン（利子）

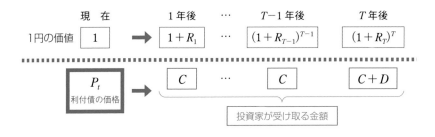

図5.2 満期 T 年の利付債のイメージ

	現　在		1 年後	$\cdots$	$T-1$ 年後	T 年後
1 円の価値	1	→	$1+R_1$	$\cdots$	$(1+R_{T-1})^{T-1}$	$(1+R_T)^T$

P_t 利付債の価格 → C $\cdots$ C $C+D$

投資家が受け取る金額

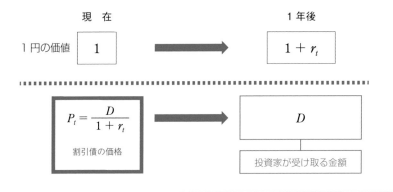

図5.3 満期 1 年の割引債のイメージ

	現　在		1 年後
1 円の価値	1	⟹	$1+r_t$

$P_t = \dfrac{D}{1+r_t}$ 割引債の価格 ⟹ D

投資家が受け取る金額

が支払われないため，割引債の価格 P_t は，額面金額 D の割引現在価値として求められる。このため，割引債の価格 P_t は以下のように表される。

$$P_t = \frac{D}{1+r_t}$$

●満期 T 年の割引債の価格の決まり方

　利子率（年率換算の割引率）が R_t であるとして，T 年後に額面金額 D が償還（返済）される，割引債の価格 P_t を考える。割引債ではクーポン（利子）が支払われないため，割引債の価格 P_t は，以下のように，

図5.4　満期 T 年の割引債のイメージ

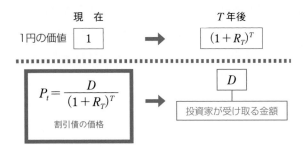

満期 T 年の額面金額 D の割引現在価値として求められる。

$$P_t = \frac{D}{(1 + R_T)^T}$$

●債券価格の決定式から得られる含意

前項までで4パターンの債券価格の計算方法を解説した。ポイントは，割引現在価値の考え方を用いることであり，将来得られる金額を割り引くということを理解しておけば，計算式を丸覚えする必要はなくなる。

また，利付債，割引債いずれのケースにおいても，満期に依らず，利子率が上昇すると，債券価格が下落するという負の相関関係が成立する。一方，クーポン C や額面金額 D の上昇には，債券価格を押し上げる効果がある。

●短期の利子率（短期金利）と長期の利子率（長期金利）との関係

前項で利付債および割引債の価格を計算する際，満期1年の場合には年率の利子率 r_t，満期 T 年の場合には年率換算の利子率 R_t を与えられたものとして用いていた。1年以下の利子率は短期の利子率（短期金利），1年超の金利は長期の利子率（長期金利）と呼ばれるが，2つの利子率の間にはどのような関係があるのだろうか。

例えば，2年間資産運用を行う場合，ある年（t 年）と翌年（$t+1$ 年）

に，それぞれの短期の利子率である r_t と r_{t+1} で運用する方法と，2年分を長期の（年率換算の）利子率 R_t で運用する方法の2種類が考えられる。市場のリスクがなければ，どちらかがより儲かるということはなく，どちらの方法で運用しても，同じ収益を得られるはずである。このため，以下の関係が成立する。

$$(1 + r_t)(1 + r_{t+1}) = (1 + R_t)^2$$

数学的に，r_t や R_t が十分小さい値をとるとき，上の式は以下のように近似できることが知られている。なお，以下の式では，翌年以降の短期の利子率が，現時点で予想されたもの（期待値）となるため，右肩に e をつけて表している。

$$r_t + r_{t+1}^e = 2R_t$$

両辺を2で割ると，以下の式が得られる。

$$R_t = \frac{r_t + r_{t+1}^e}{2}$$

この式は，満期2年の（年率換算された）長期の利子率が，今年と来年の短期の利子率の平均として求められることを意味している。この関係は満期が T 年の場合も同じである。T 年の場合には，以下の関係が成立する。

$$R_t = \frac{r_t + r_{t+1}^e + \cdots + r_{t+T-1}^e}{T}$$

この式は，満期2年の場合と同様，満期 T 年の長期の利子率が，今年から T 年先までの短期の利子率の平均として求められることを意味している。以上のように，長期の利子率が現在から将来にかけての短期の利子率の平均として表されるという考え方は，純粋期待仮説と呼ばれる。

純粋期待仮説では，市場のリスクの影響については考慮されていない。市場のリスクが顕在化する場合には，長期の利子率ではリスクに柔軟に

対応できない（流動性が低い）ことを反映して，短期の利子率の平均よりも，流動性プレミアム（タームプレミアム）と呼ばれる上乗せ分だけ高くなると考えられている。このような考え方は，流動性プレミアム仮説と呼ばれる。

その他にも，純粋期待仮説や流動性プレミアム仮説とは異なり，そもそも短期の利子率と長期の利子率を決定する金融市場が分断されており，利子率が期間に応じた異なる要因によって変動すると考える，市場分断仮説（特定期間選好仮説）も存在する。これらの仮説は，第3章で説明したイールドカーブの形状を説明する際にも用いられている。

5.3 株価の決まり方

株式を購入した投資家（株主）は，第3章で説明したように，企業から配当を受け取れるが，同時に株式市場で株式を自由に売却することもできる。その際，株価が購入時よりも値上がりしていると値上がり益（キャピタルゲインと呼ばれる）を受け取ることができる。

ただし，株式には，配当が支払われなかったり，値下がり損（キャピタルロスと呼ばれる）が発生したりする可能性があることから，5.2節で説明した債券と比較すると，リスクの高い金融資産といえる。このため，前節で債券の価格について説明した際には，信用リスクがないとして，利子率 r_t を割引率としていたが，株価を計算する際には，利子率 r_t にリスクプレミアムを上乗せしたものが割引率となることには注意が必要である。

●バブルが発生していない場合の株価の決まり方

利子率が r_t，リスクプレミアムが ρ（ロー），配当が D_t であるとして，バブル（後述）が発生していない場合の株価 P_t を考える。ここでは，計算を簡単にするために，利子率が r と，時間を通じて一定であるとする。なお，今年（t 年）分の配当および来年（$t+1$ 年）以降の株価は現

時点では予想されたもの（期待値）となるため，右肩に e をつけて表すことにする。

　株式を保有していると，1年分の配当 D_t^e が発生するとともに，来年の株価が P_{t+1}^e となることから，今年の株価 P_t は，以下のように，$D_t^e + P_{t+1}^e$ の割引現在価値として求められる。考え方は債券価格の求め方と同じである。ただし，ここでは，リスクプレミアムが発生していることから，割引率の部分にリスクプレミアム ρ が上乗せされている。

$$P_t = \frac{D_t^e + P_{t+1}^e}{1 + r + \rho}$$

　この式において今年の株価が来年の株価に依存しているように，来年の株価 P_{t+1}^e は再来年の株価 P_{t+2}^e にも依存している。この関係は，永遠に続いていくことになる。ただし，株価が時間の経過とともに無限大に上昇していくことがないとすると，最終的に，株価は以下のように，現在から将来にかけての配当の割引現在価値として求められる（数学的な導出はコラム1をご参照のこと）。

$$P_t = \sum_{i=0}^{\infty} \left(\frac{1}{1 + r + \rho} \right)^{i+1} D_{t+i}^e$$

この株価の決定式は，予想される配当が大きくなるほど株価が上がる一方，利子率やリスクプレミアムが高くなるほど株価が下がることを示唆している。

　このようにして計算される株価は，株式がもたらす実体的な価値（ファンダメンタルズと呼ばれる）のみにより決定されることから，ファンダメンタル・バリューと呼ばれる。

●バブルが発生している場合の株価の決まり方

　現実の株価は必ずしもファンダメンタル・バリューに沿って推移しているとは限らない。株価等の資産価格がファンダメンタル・バリューから乖離して上昇している状態は，バブルと呼ばれる。日本では，1986

年から 1991 年にかけて，株価や地価がファンダメンタル・バリューを超えて上昇するバブルが発生した。

　バブル発生については，人々の非合理的な行動による側面もあるが，人々の合理的な予想がバブルを発生させることもある。合理的バブルの考え方によると，ファンダメンタル・バリューを P_t^*，A を非負の定数とするとき，$P_t = P_t^* + A(1+r+\rho)^t$ も株価の経路となる。この式の第 2 項は時間の経過とともに増加していくため，株価がファンダメンタル・バリューから乖離して上昇していくことがわかる（厳密な数学的導出にご関心のある方は，福田（2020）を参照のこと）。

5.4　デリバティブの価格の決まり方

　第 3 章で説明したように，デリバティブとは債券や株式等の原資産から派生して行われる取引である。代表的なものとして，以下では，先物取引とオプション取引の価格について解説する。

●先物取引

　先物取引とは，将来の決められた受渡日に，現時点で決められた価格で取引する契約のことである（3.5 節参照）。ここでは，株式に関する先物（株式先物と呼ばれる）の価格に焦点を当てる。

　5.3 節のように，株式を現時点で買ってその場で代金を支払う（現物取引と呼ばれる）場合の価格を P とする。利子率（年率換算の割引率）を r，期日までの日数を T 日（すなわち 1 年を 360 日として，$T/360$ 年），期日までの配当を D として，株式先物の価格 F を考える。

　株式先物を購入した場合，株式の購入代金は T 日後に支払うため，その間，利子率 r で運用できる一方，配当 D は得られない。また，効率的市場仮説の下では，現物取引と先物取引の間で裁定取引は行われない。

　以上を踏まえると，株式の先物価格と現物価格との間には，以下の関

係が成立する。

$$F = P(1 + r)^{\frac{T}{360}} - D$$

なお，r の値が十分小さいときには，$(1+r)^{\frac{T}{360}} = 1 + r \times \dfrac{T}{360}$ と近似できることが知られている。このため，株式の先物価格は以下のように計算される。

$$F = P\left(1 + r \times \frac{T}{360}\right) - D$$

●オプション取引

オプション取引とは，対象となる金融資産を，現時点で決めた価格で，将来時点で取引できる権利を売買する契約のことである。購入する契約はコール・オプション，売却する契約はプット・オプションと呼ばれる（3.5節参照）。ここでは，株式を原資産とするコール・オプションの価格に焦点を当てる（厳密な数学的導出にご関心のある方は，福田（2020）を参照のこと）。

現時点での株価が P であり，期末に uP に上昇するか，dP に下落する（ここで，$u > 1$，$0 < d < 1$）状況を考える。期末にのみ，このオプションを行使することができ，行使する際の価格（行使価格と呼ばれる）が Q（ここで，$dP < Q < uP$）で表されるとする。この状況では，株価が上昇する場合には，権利を行使すると $uP - Q$ の利得がプラスとなる一方，下落する場合には，権利を行使すると利得がマイナスとなり，権利を行使しないことが得策となる。

また，効率的市場仮説の下では，コール・オプションと，原資産のポートフォリオ（株式の購入と購入資金の借入の組合せ）との間で裁定取引は行われない。このため，コール・オプションの価格は，株価が上昇するとき，あるいは下落するとき，それぞれのケースにおいて，同じ利得をもたらす原資産のポートフォリオにかかる費用と等しくなる。

図5.5 このコール・オプションのイメージ

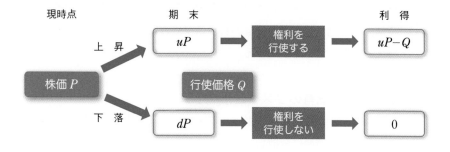

株式を x 単位購入し，利子率 r で y 単位借りるとき，株価が上昇したとき，および下落したときの利得は，それぞれ $uPx-(1+r)y$，$dPx-(1+r)y$ であることから，以下の関係が成立する。

株価上昇時：$uPx-(1+r)y=uP-Q$ 〈権利を行使する〉
株価下落時：$dPx-(1+r)y=0$ 〈権利を行使しない〉

この2式を連立させると，ポートフォリオは以下のように求められる。

$$x = \frac{uP - Q}{P(u - d)}, \quad y = \frac{d(uP - Q)}{(1 + r)(u - d)}$$

コール・オプションの価格 C は，このポートフォリオにかかる費用 $Px-y$ と等しいことから，以下のように求められる。

$$C = \frac{(1 + r - d)(uP - Q)}{(1 + r)(u - d)}$$

5.5 市場のリスクが資産価格に与える影響

本章では，これまで，効率的市場仮説の下で，投資家による裁定取引が行われないことに注目して，債券，株式，デリバティブといった，個

別の金融資産の価格の決まり方について解説してきた。現実の資産価格は、理論値をベースとしているものの、常に大きく変動している。本節では、資産価格の変動、すなわちリスクに着目し、リスクが資産価格に与える影響について説明する。

●金融資産固有のリスクと市場リスク

第4章で示したように、ポートフォリオを選択する際、異なるタイプの複数の金融資産に分散して投資を行うことにより、リターンを維持したまま、リスクを低下させることができる。ここでのポイントは、金融資産同士が異なるタイプであるということである。その時の経済状況に対して同じように反応する金融資産に投資しても、分散投資の恩恵を受けることはできない。

このように、リスクには、各金融資産に固有のリスクと、市場に共通のリスク（市場リスクと呼ばれる）の2種類が存在する。金融資産固有のリスクについては、分散投資によりリスクを低下できるが、市場リスクについては、リスクを低下させることができない。

● CAPM（資本資産価格モデル）

前項で示した、2つのリスクに着目して、リスクが資産価格に与える影響を分析する理論として、CAPM（資本資産価格モデル）が挙げられる。CAPMとは、各金融資産の期待収益率（収益率の予想値）がどの程度市場リスクの影響を受けるのかを示す理論である。

CAPMでは、リスクのない安全資産の収益率を r、市場で取引されるあらゆる金融資産から構成されるポートフォリオ（市場ポートフォリオと呼ばれる）の収益率を R_M として、各金融資産 i の期待収益率 R_i が以下のように定式化される。

$$R_i - r = \beta_i(R_M - r)$$

ここで、$R_i - r$ は各金融資産のリスクプレミアム（金融資産固有のリスクを反映して上乗せされる金利）、$R_M - r$ は市場ポートフォリオのリス

クプレミアムを意味することから，β_i（金融資産 i のベータと呼ばれる）は各金融資産のリスクが市場ポートフォリオのリスクとどの程度の相関があるかを示している（厳密な数学的導出にご関心のある方は，大野他（2007）を参照のこと）。

ベータ（β_i）の値が大きい金融資産ほど，市場リスクの影響を大きく受けることを意味しており，市場リスクの大きさに応じた高い期待収益率が求められる。

コラム1　株価の導出方法

5.3節で示したように，今年の株価 P_t は，今年分の配当と来年の株価の割引現在価値として，以下のように表される。

$$P_t = \frac{D_t^e + P_{t+1}^e}{1 + r + \rho}$$

なお，信用リスクのない債券価格の導出とは異なり，株式には収益の不確実性があるため，割引率は，利子率にリスクプレミアム ρ を上乗せしたものとなっている。

株価の導出は上記の式では完結していない。なぜならば，今年の株価が来年の株価に依存しているように，来年の株価 P_{t+1}^e は再来年の株価 P_{t+2}^e にも依存しているからである。来年の株価は以下のように表される。

$$P_{t+1} = \frac{D_{t+1}^e + P_{t+2}^e}{1 + r + \rho}$$

この式を今年の株価の式に代入すると，以下の式が得られる。

$$P_t = \frac{D_t^e}{1 + r + \rho} + \frac{D_{t+1}^e + P_{t+2}^e}{(1 + r + \rho)^2}$$

このプロセスを繰り返していくと，以下の式が得られる。

$$P_t = \sum_{i=0}^{T} \frac{D_{t+i}^e}{(1 + r + \rho)^{i+1}} + \frac{P_{t+T+1}^e}{(1 + r + \rho)^{T+1}}$$

ここで，株価が時間の経過とともに無限大に上昇していくことはないと仮定すると，第2項の分子 P_{t+T+1}^e が有限であるのに対して，第2項の分母 $(1+r+\rho)^{T+1}$ は無限に上昇していくため，第2項は0となる。このため，最終的に，株価は以下のように，

現在から将来にかけての配当の割引現在価値として求められる。

$$P_t = \sum_{i=0}^{\infty} \left(\frac{1}{1+r+\rho} \right)^{i+1} D_{t+i}^e$$

◆ 練習問題

問 5.1　効率的市場仮説に関する記述として適当なものはどれか。
①　参加者が機関投資家に限定された金融市場を対象とする。
②　資産価格は，現時点で利用可能なあらゆる情報を反映している。
③　同じ価値の資産を安く買って高く売ることで利益を得る裁定取引が行われる。

問 5.2　利子率（割引率）が2%であるとして，1年後にクーポン15が支払われるとともに，額面金額240が償還される，利付債の価格 P_t はいくらか。

問 5.3　利子率（年率換算の割引率）が10%であるとして，2年後に額面金額3630が償還される，割引債の価格 P_t はいくらか。

問 5.4　1年目の短期の利子率が1%，2年目および3年目の短期の利子率の予想値がそれぞれ2%と3%であるとき，純粋期待仮説によると，満期3年の長期の（年率換算された）利子率は何%になるか。

問 5.5　株価の決まり方に関する記述として適当でないものはどれか。
①　バブルが発生していない場合の株価を計算する際には，利子率 r_t にリスクプレミアムを上乗せしたものが割引率となる。
②　バブルが発生していない場合，株価は現在から将来にかけての配当の割引現在価値として求められる。
③　バブルが発生していない場合の株価の決定式によると，リスクプレミアムが高くなるほど株価は上昇する。
④　人々の合理的な予想がバブルを発生させることもある。

問 5.6　株式を現時点で買ってその場で代金を支払う（現物取引）場合の価格を200とする。利子率（年率換算の割引率）を4%，期日までの日数を180日（1年を360日として0.5年），期日までの配当を100とするとき，株式先物の価格 F はいくらか。

問 5.7　市場のリスクが資産価格に与える影響に関する記述として適当でないものは

どれか。

① ポートフォリオを選択する際，異なるタイプの複数の金融資産に分散して投資を行うことにより，リターンを維持したまま，リスクを低下させることが可能となる。

② 金融資産固有のリスクについては，分散投資によりリスクを低下できるが，市場リスクについては，リスクを低下させることができない。

③ CAPM（資本資産価格モデル）とは，各金融資産の期待収益率（収益率の予想値）がどの程度市場リスクの影響を受けるのかを示す理論である。

④ CAPMの定式化によると，ベータ（β_i）の値が大きい金融資産ほど，市場リスクの影響を大きく受け，期待収益率は市場リスクを反映して低くなる。

企業金融

　企業金融はコーポレート・ファイナンスとも呼ばれ，企業が企業価値を最大化するために，どのように資金を調達し，どのように調達した資金を活用するのかといった，文字通り，企業の金融に関する活動を分析する分野である。本章の前半では，企業の資金調達の手段を紹介したうえで，企業価値の最大化にとって最適な資金調達手段の構成について説明する。後半では，調達した資金をどのプロジェクトに投資するのかを決定するための評価方法や株主への利益の還元について解説する。

6.1　企業の資金調達手段

　企業が活動に必要な資金を調達する手段は，大きく以下2つに分けられる。

① 内部資金
② 外部資金

●内部資金

内部資金とは，企業自らが蓄えた資金のことである。内部資金は，内部留保と減価償却費から構成される。内部留保は，企業の余剰資金のことであり，会計上，決算期間に企業が活動によって生み出した当期純利益から配当や役員賞与を差し引くことによって求められる。また，減価償却費は，機械や設備など長期間使用する固定資産について，取得にかかる費用を使用可能な期間にわたって計上するものである。実際には現金支出を伴わないため，その分資金として企業内に蓄えられることになる。

●外部資金

外部資金とは，投資家や銀行から調達した資金のことである。外部資金はさらに以下3つに分けられる。

（i） 株式の発行
（ii） 社債の発行
（iii） 銀行借入

第3章で説明したように，株式は，株式会社が投資家に出資してもらうために発行するものである。投資家が株式を購入すると，「株主」となり，保有する株式数に応じて株主総会での議決権を付与されるとともに，会社に利益が出て配当を支払うことを決定した場合には，配当を受け取る権利も得られる。会社側は，利益が出た場合には，投資家に対して，株主総会での決議に応じて配当を支払うことになる。

社債は，企業が投資家から資金を借りるために発行するものである。つまり，企業の借金証書のことである。投資家が社債を購入すると，満期（償還する日）まで利子を定期的に受け取れるとともに，満期日に元本が償還されることとなる。企業側は，投資家に対して，定期的に利子を支払うとともに，満期日に元本を支払うことになる。

銀行借入は，企業が銀行から借入（融資）を受けることである。銀行

借入の場合には，企業が銀行に対して，定期的に利子を支払うとともに，最終的に元本を返済することになる。

　株式発行で調達した資金は，購入した投資家が企業の株主となることから，自己資本と呼ばれる。株式発行による資金調達は，エクイティ・ファイナンスとも呼ばれる。エクイティ（equity）とは株式のことである。

　それに対して，社債発行や銀行借入で調達した資金は，投資家や銀行が企業の債権者となるため，負債あるいは他人資本と呼ばれる。社債発行や銀行借入による資金調達は，デット・ファイナンスとも呼ばれる。デット（debt）とは負債のことである。

6.2　最適な資本形成

　前節で説明したように，企業は様々な資金調達手段にアクセスすることができる。企業がその価値を最大化するためには，どのような資金調達手段を選択することが最適となるだろうか。より具体的には，最適資本構成，すなわち企業価値を最大化する資本と負債の比率はどのように決定されるだろうか。この問題は，最適資本構成の理論の文脈で長年研究されている非常に重要なテーマである。本節では，その基盤となる考え方であるMM理論について解説する。MM理論のMMはモディリアーニとミラーという研究者の頭文字をとったものである。この理論は第1命題と第2命題という2つの命題から構成されている。以下では各命題の概要を順に説明する。

●第1命題
　MM理論の第1命題とは，完全資本市場において，企業価値は，企業の資本構成から独立であるというものである。

> MM 理論の第 1 命題：
> 完全資本市場において，企業価値は，企業の資本構成から独立である。

　意外かもしれないが，この命題は，最適な資本構成が一意に決まらない，すなわち資金調達手段の構成を変えても，企業価値には影響を与えないことを意味している。ただし，この命題は，市場が完全資本市場であることを前提としている。完全資本市場とは，以下を満たす市場のことである。

①　手数料などの取引コストがかからない。
②　法人税などの税金がかからない。
③　情報の非対称性が存在しない。
④　完全競争的な市場である（無数の投資家が価格を与えられたものとして競争的な環境で売買を行っている）。
⑤　裁定機会が存在しない（投資家が安く買って高く売ることができない）。

これらの条件のうち，条件が 1 つでも満たされていない場合には，第 1 命題は成立しない。第 1 命題が成立する理由についてはコラム 1 で説明する。

●第 2 命題
　MM 理論の第 1 命題では，企業価値が企業の資本構成の影響を受けないことが明らかにされた。MM 理論の第 2 命題は，第 1 命題に基づき，企業が資金を調達する際にかかるコスト（資本コストと呼ばれる）に着目して，資本コストと資本構成との関係を示したものである。すなわち，MM 理論の第 2 命題とは，完全資本市場において，資本コストが，企業の資本構成から独立であるというものである。

> MM 理論の第 2 命題：
> 完全資本市場において，企業の資本コストは，企業の資本構成から独立である。

　この命題は，命題 1 と同様に，最適な資本構成が一意に決まらない，すなわち資金調達手段の構成を変えても，資本コストには影響を与えないことを意味している。ただし，この命題は，命題 1 から導出されることもあり，市場が完全資本市場であることを前提としていることに注意が必要である。完全資本市場のいずれかの条件が満たされていない場合には，第 2 命題も成立しない。

　第 2 命題からは，より一歩踏み込んで，株式で資金を調達することのコストと負債比率との間の関係について，以下の含意が得られる。なお，第 2 命題の含意の導出についてはコラム 2 で紹介する。

> MM 理論の第 2 命題の含意：
> 資本構成における負債の比率が高まると，その企業の株式発行のコスト（投資家にとっては株式の期待収益率）は上昇する。

　企業は株式と負債で資金を調達できるが，第 2 命題は，企業にとっての資本コストが，株式と負債の比率には依存しないというものであった。ここで，もう一歩踏み込んで，投資家の立場で考えてみると，企業が負債の割合を高めていった場合，企業には将来負債を返済する必要が出てくる。このため，投資家にとっては，株主になって企業の返済を負担するリスク，つまり株式を購入することのリスクが高くなる。このことを反映して，投資家は，リスクに見合った超過収益率（リスクプレミアムと呼ばれる）を要求することとなり，株式の期待収益率は上昇する。つまり，負債の比率の高い企業ほど，株式発行のコストおよび株式の期待収益率が上昇するといえる。

● MM 理論の展開

　MM 理論では，市場が完全資本市場であることが前提とされていた。

しかし，現実は必ずしも完全資本市場の条件を満たしていない。このため，完全資本市場の条件を緩めたときに，結論がどのように変化するのかといった議論がなされてきた。

　例えば，完全資本市場の条件に反して，法人税が課されるとする。負債で資金を調達する場合には，株式で調達する場合とは異なり，企業は利子を支払うことになる。法人税は，利子を支払った後の利益に対して課されるため，負債で調達すると，法人税の課税対象となる利益を減らすことができるという節税効果が発生することになる。このため，負債の比率を高めた方が，企業価値が高くなるという示唆が得られる。ただし，負債の比率が高まると，負債を返済する負担が増加して企業が倒産する確率も高まってしまう。したがって，節税効果だけを考えると，負債の比率を 100％にすることが望ましくなるが，倒産に伴うコストの存在を考慮すると，最適な資本構成は，両者のバランスによって決まるといえる。

6.3　投資プロジェクトの評価

　企業が企業価値を最大化するためには，これまで説明した資金調達手段の選択に加えて，調達した資金をどのプロジェクトに投資するのかを決定することも重要となる。本節では，企業が投資プロジェクトを評価する際の手法について解説する。代表的な評価基準としては，以下 4 つが挙げられる。

① 　割引現在価値
② 　内部収益率
③ 　回収期間
④ 　投資利益率

●割引現在価値

　投資プロジェクトは，将来，企業にキャッシュフローをもたらすことになる。そのキャッシュフローを評価する際，お金の価値が現在と将来とで異なることに注意が必要である。

　割引現在価値とは，将来のお金を現在のお金の価値に換算したもののことである。例えば，現在 100 万円を持っている人が 1％の利子率で 1 年間預金すると，来年には 101 万円（＝100万円×(1＋0.01)）になっている。つまり，来年の 101 万円と現在の 100 万円の価値は等しいといえる。来年の 101 万円を現在の価値に換算するためには，利子率で割り引く，すなわち (1＋0.01) で割るという作業を行うことになる。

　一般に，将来時点で X のキャッシュフローが発生し，利子率が r で与えられている場合，X の割引現在価値は $\dfrac{X}{1+r}$ と表される。ここで利子率は，将来のキャッシュフローを割り引く役割を備えていることから，割引率とも呼ばれる。

　投資プロジェクトを評価する際には，正味現在価値という概念を用いる。正味現在価値とは，将来得られるキャッシュフローの割引現在価値から投資額の割引現在価値を差し引いたもののことである。プロジェクトの正味現在価値がプラスであれば，投資を実行することが望ましいという判断になる。直感的には，企業に入ってくるお金が，出ていくお金より多ければ，プロジェクトに投資するということである。

正味現在価値　＞　0　⇒　投資

●内部収益率

　内部収益率とは，将来得られるキャッシュフローの割引現在価値と投資額の割引現在価値が等しくなる割引率，すなわち前項で説明した正味現在価値が 0 となる割引率のことである。

　投資プロジェクトを評価する際には，内部収益率が資本コストを上回るならば，投資を実行することが望ましいという判断になる。

> 内部収益率　＞　資本コスト　⇒　投資

●回収期間

　回収期間とは，文字通り，投資額を何年で回収できるか，すなわち元が取れるまでの年数のことである。

　投資プロジェクトを評価する際には，回収期間中のキャッシュフローが投資額を上回るならば，投資を実行することが望ましいという判断になる。

> 回収期間中のキャッシュフロー　＞　投資額　⇒　投資

　なお，回収期間を評価基準として採用する場合には，割引現在価値や内部収益率の場合と異なり，割引率を用いた異時点間の価値の評価は行われない。

●投資利益率

　投資利益率とは，投資額に対してどの程度の利益を上げられるのかを表すものであり，利益を投資額で割ることによって求められる。利益の指標としては経常利益や税引前当期純利益等，投資額の指標としては投資総額や対象期間中の投資額の平均等，企業の目的に応じて様々な指標が用いられている。

　投資プロジェクトを評価する際には，投資利益率が企業の目標とする投資利益率を上回るならば，投資を実行することが望ましいという判断になる。

> 投資利益率　＞　目標とする投資利益率　⇒　投資

　企業の目標とする投資利益率としては，過去の投資利益率の実績値や産業の平均的な投資利益率が用いられている。

6.4 利益の還元

　企業が1年間の活動を通して得た全ての収益から全ての費用や税金等を差し引いて，最終的に残った利益は，当期純利益と呼ばれる。企業にとって，当期純利益をどのように分配するのかは，翌年度以降の活動にも影響を及ぼす重要な意思決定である。当期純利益の段階では，既に，従業員への給与の支払いや負債で調達した利子の支払い等は完了しており，ここでは，株主への配当等としてどの程度利益を還元するのかを決定することになる。当期純利益からこれらを差し引いた残りは，内部留保として蓄積され，翌年度以降の企業の活動や株主への配当等に充てられることになる。

●利益の還元方法

　前述の通り，企業は，当期純利益を株主等に還元するか，あるいは内部留保として蓄積するかの選択（配当政策と呼ばれる）を毎年度行っている。利益を還元する方法として，以下3つが挙げられる。

① 　配当金
② 　株式分割
③ 　自己株式の取得

　株主に利益を還元する方法としては，配当金が一般的である。配当金とは，株主に対して，保有する株式数に応じて支払う現金のことである。1株当たりの配当金の金額は株主総会で決定される。
　株式分割は，企業が既に発行している株式の単位を細分化することであり，分割の結果，各株主が保有する株式数は増加することになる。株式分割の目的は利益還元自体ではなく，株式の流動性を高め，多くの投資家に購入してもらうことである。ただし，株主総会では，1株当たりの配当金の金額が決められるため，配当金の金額が据え置かれる場合には，保有する株式数の増加に伴い，各株主が受け取れる配当金も増加す

ることになる。

　企業による自己株式の取得は、企業が株主から株式を買い戻すことである。会社にとっては、株主を減らすことで経営を安定化させること等を目的としているが、株価が上昇するケースが多いため、株主は会社に株式を売却することで、利益を得ることが可能となる。

●利益の還元と企業価値との関係

　6.2節では、完全資本市場において、資本構成が企業価値に影響を与えないというMM理論の第1命題を紹介した。提唱者のモディリアーニとミラーは、企業による利益の還元と企業価値との関係にも注目し、配当に関する以下の命題を導いている（この命題の証明は、本書の範囲を超えるため、厳密な数学的導出にご関心のある方は、大野他（2007）を参照のこと）。

> 配当無関連命題：
> 完全資本市場において、企業価値は、配当政策（配当を行うか内部留保として蓄積するかの選択）から独立である。

　この命題は、MM理論の第1命題と同様に、市場が完全資本市場であることが前提とされており、完全資本市場の条件が満たされない場合には、成立しなくなる。例えば、完全資本市場の条件に反して税金が導入され、配当の受け取りに対して、株価の値上がり益より高率の税金が課される場合には、配当ではなく、内部留保が選択される。

コラム1　MM理論の第1命題の導出

　MM理論の第1命題の厳密な数学的導出にご関心のある方は、大野他（2007）を参照のこと。資金調達方法以外の条件が全て同一の2つの企業Aと企業Bの企業価値 V_A と V_B を考える。いずれの企業も X の利益を生み出しているとする。企業Aは株式のみで資金を調達し、株式の市場価値は E_A であるとする。一方、企業Bは株式と負債で資金を調達し、株式の市場価値は E_B、負債の市場価値は D_B で表されるとする。このとき、企業A、Bの価値はそれぞれ $V_A = E_A$、$V_B = E_B + D_B$ と表される。以上

企業 A および企業 B の特徴

	企業 A	企業 B
株式の市場価値	E_A	E_B
負債の市場価値	0	D_B
企業価値	$V_A = E_A$	$V_B = E_B + D_B$

の企業 A および企業 B の特徴は上の表のようにまとめられる。なお，第 1 命題では，前提条件の下で，$V_A = V_B$ が成立する。

　以下では，第 1 命題を導出するために，背理法を採用する。すなわち，第 1 命題に反して，企業 A と企業 B の企業価値が異なる場合，完全資本市場の前提が崩れてしまうことを示すことにより，第 1 命題が成立することを示す。

第 1 命題に反して $V_A > V_B$ となるケース

　現在，投資家が企業 A の全ての株式を保有しているが，全ての株式を売却し，代わりに，企業 A と同じ利益（X）を上げている企業 B の株式と負債を全て購入するとする。

　投資家は，企業 A の株式売却により，V_A の資金を得る一方，企業 B の株式と負債の購入により，V_B（$= E_B + D_B$）の資金を支出することになる。一連の取引により，投資家は，$V_A - V_B$（>0）だけ儲けることができる。裁定機会が存在しないという MM 理論の前提条件⑤に反していることから，背理法により，そもそも $V_A > V_B$ となるケースは適当でなかったことがわかる。

第 1 命題に反して $V_A < V_B$ となるケース

　前項のケースと同様に，背理法を用いて検討する。現在，投資家が企業 B の株式と負債を全て保有しているが，全てを売却し，代わりに，企業 B と同じ利益（X）を上げている企業 A の株式を全て購入するとする。

　投資家は，企業 B の株式と負債の売却により，V_B（$= E_B + D_B$）の資金を得る一方，企業 A の株式の購入により，V_A の資金を支出することになる。一連の取引により，投資家は，$V_B - V_A$（>0）だけ儲けることができる。裁定機会が存在しないという MM 理論の前提条件⑤に反していることから，背理法により，そもそも $V_A < V_B$ となるケースは適当でなかったことがわかる。

　以上より，裁定機会がないケースは $V_A = V_B$ のみであり，完全資本市場においては，

第 1 命題が成立するといえる。

コラム2　MM 理論の第 2 命題の含意

　MM 理論の第 2 命題の厳密な数学的導出にご関心のある方は，大野他（2007）を参照のこと。MM 理論の第 2 命題は，第 1 命題から導出されるため，コラム 1 の設定に基づいて第 2 命題の含意について説明する。第 2 命題では，資本コストに着目するため，資本コストに関する変数を新たに導入する。

　資本コストは，企業にとっては資金を調達する際にかかるコストであるが，投資家にとっては，収益となる。このため，全て株式で資金を調達する企業 A にとっての 1 単位当たりの資本コストは株式の期待収益率となる。そこで，企業 A の株式の期待収益率を r_A で表すと，企業 A の資本コストは r_A となる。一方，株式と負債で資金を調達する企業 B にとっての 1 単位当たりの資本コストは株式の期待収益率と負債の利子率となるが，その際，株式と負債の比率で加重平均することとなる。そこで，企業 B の株式の期待収益率を r_B，負債の利子率を r_D で表すと，企業 B の資本コストは，$\dfrac{E_B}{E_B+D_B}r_B+\dfrac{D_B}{E_B+D_B}r_D$ と表される。ここで，$\dfrac{E_B}{E_B+D_B}$ は企業 B の資金調達手段における株式の割合，$\dfrac{D_B}{E_B+D_B}$ は負債の割合を意味する。

　以上の設定を前提として，第 2 命題の含意を説明する。第 2 命題によると，完全資本市場において，企業の資本コストは，企業の資本構成から独立であった。この命題は，企業 A と企業 B の資本コストが等しいことを意味するため，以下の関係が成立する。

$$r_A = \frac{E_B}{E_B + D_B}r_B + \frac{D_B}{E_B + D_B}r_D$$

この式を整理すると，企業 B が株式発行で資金を調達する際のコスト r_B は以下のように表される。

$$r_B = r_A + \frac{D_B}{E_B}(r_A - r_D)$$

この式は，負債の株式に対する比率 $\dfrac{D_B}{E_B}$ が高いほど，企業 B の株式発行のコストが企業 A の株式発行のコストよりも高くなることを示している。投資家の観点から考えると，負債の占める割合が高まるほど，企業が将来負債を返済する必要があるため，投資家にとって株式を買うことのリスクが高くなる。このため，投資家は，このリスクに見合った超過収益率（リスクプレミアムと呼ばれる）を要求することになる。

◆ 練習問題

問 6.1　企業の資金調達に関する記述として適当なものはどれか。
① 株式を購入した投資家には元本と利子が支払われる。
② 社債を購入した投資家には配当が支払われる。
③ 融資を行った銀行には株主総会での議決権が与えられる。
④ 企業が株式で調達する資金は，外部資金と呼ばれる。

問 6.2　MM 理論に関する記述として適当なものはどれか。（複数選択）
① MM 理論の第 1 命題によると，完全資本市場において，企業価値は，企業の資本構成から独立である。
② MM 理論の第 2 命題によると，完全資本市場において，企業の資本コストは，企業の資本構成から独立である。
③ MM 理論の第 2 命題からは，資本構成における株式の比率が高まると，その企業の株式発行のコストが上昇することが示される。
④ 裁定機会が存在する場合には，MM 理論の第 1 命題および第 2 命題は成立しない。

問 6.3　今期に 50 の投資を行うと，来期に 60 のキャッシュフローが生まれるとする。割引率が 50% であるときの，この投資プロジェクトの正味現在価値として適当なものはどれか。
① −10
② 10
③ 20
④ 70

問 6.4　利益の還元に関する記述として適当なものはどれか。
① 株主に利益を還元する方法としては，内部留保が一般的である。
② 株式分割が行われると，各株主が保有する株式数は減少する。
③ 企業が自己株式を取得すると，株主は増加する。
④ 配当無関連命題によると，完全資本市場において，企業価値は，配当政策から独立である。

第3部

金融機関

第7章
金融機関の業務

　金融機関と一口に言っても，現実には様々な種類の金融機関が存在している。本章では，代表的な金融機関として，銀行，証券会社，保険会社，その他の金融機関として，ノンバンクを取り上げ，各金融機関の業務について解説する。なお，中央銀行については，第4部で説明する。

7.1　銀行の業務

　銀行の伝統的な業務には以下3つがある。

① 　預金の受入れ
② 　融資（貸出）
③ 　為替

●預金の受入れ

　銀行は，家計等の黒字主体（最終的な貸し手）から資金を預かり，企業等の赤字主体に対する融資（貸出）等の業務を行っている。預かった資金は預金と呼ばれ，預金者に対しては，定期的に利子（金利，利息とも呼ばれる）が支払われる。第1章で説明したように，預金には様々な

種類がある。普通預金や当座預金は，流動性が非常に高い貨幣であり，統計上は，預金通貨と呼ばれている。家計の日常生活や企業活動にも密接に関わっているため，預金保険制度により，銀行が破綻しても，当座預金は全額，普通預金は 1000 万円まで保護されている。

●融　資

　銀行は，企業等の赤字主体に対する融資（貸出）等により収益を上げ，その一部から預金者に利子を支払っている。預金者に支払う利子率（預金金利と呼ばれる）よりも高い利子率（貸出金利と呼ばれる）で融資を行うことにより利鞘を得ている。第 2 章で示したように，銀行による融資は，信用創造において中心的な役割を担っており，日本銀行が安定的に貨幣供給を行うためにも欠かせない業務である。

●為　替

　銀行は，顧客からの依頼で，振込，送金，口座振替等により決済を行う為替の業務も行っている。為替には，国内（日本円）の取引を行う内国為替と外国（外貨）の為替取引を行う外国為替がある。外国為替では，内国為替とは異なり，外貨を用いた取引が行われるため，第 13 章で取り上げる為替レートの影響も受けることになる。為替取引は，金利や為替レートの変動といったリスクを伴うことから，銀行は，第 3 章で解説した金利スワップ等，リスクを回避（ヘッジ）するためのデリバティブ取引も行っている。

　近年は，第 8 章コラムで説明するように，IT 技術の進展や顧客ニーズの多様化を背景として，フィンテックが急速に普及しつつある。そのような流れの中で，「資金決済法」により登録された資金移動業者も業務を行うことが認められる等，IT 業界からの参入や IT 事業者との連携も活発に行われている。

7.2 証券会社の業務

証券会社の伝統的な業務には以下 3 つがある。

① 株式の売買
② 債券の売買
③ 投資信託の売買

●株式の売買

株式の売買において，投資家（家計等の黒字主体）は，企業等赤字主体の発行する株式を自ら選択して売買を行っている。第 3 章で説明したように，株式は，東京証券取引所等の取引所で売買されることが一般的であるが，投資家は取引所に出向いて取引を行うのではなく，証券会社に売買を代行してもらっている（ブローキング）。その際に投資家が支払う委託手数料が，証券会社の収入となる。なお，証券会社自ら株式を売買することもあり，このような取引は，自己勘定取引（ディーリング）と呼ばれる。

●債券の売買

株式と同様，債券の取引においても，投資家（家計等の黒字主体）が，赤字主体の発行する国債や社債等の債券を自ら選択して売買を行っている。ただし，第 3 章で説明したように，債券の取引では，株式とは異なり，取引所での取引というよりも，投資家と証券会社の間で相対の店頭取引を行うことが一般的となっている。

●投資信託の売買

投資信託において，投資家（家計等の黒字主体）は，自らどの投資信託に投資するかを決定するが，資産運用については，運用会社が投資家の代わりに運用を行っている。証券会社は，投資家と運用会社の間に介在し，投資家から売買手数料等を受け取るとともに，運用会社に取り次

いでいる。

●証券会社に類似の金融機関

アメリカで主流となっている投資銀行（Investment Bank）では，預金や融資は行われず，企業が発行した株式や社債を投資家に販売したり，自らデリバティブ等を売買するなどの業務が行われている。銀行という名称ではあるが，日本の証券会社に類似の金融機関であるといえる。

なお，日本ではかつて，銀証分離として，銀行業務と証券業務の兼業は認められていなかった。しかし，1997年より持株会社が認められるようになり，現在では，持株会社の傘下に銀行や証券会社を持つことが可能となっている。

7.3 保険会社の業務

保険とは，いざというときに備えて，保険の契約者（被保険者）が保険会社に保険料を一括あるいは定期的に支払い，いざというときに保険会社から保険の契約者に保険金が支払われる仕組みのことである。保険の対象は，生命，年金，事故，災害等多岐にわたるが，保険会社は，扱う保険の種類によって，大きく，生命保険会社（生保）と損害保険会社（損保）に分類されている。生命保険会社が対象とする保険には，生命，所得，年金等，損害保険会社が対象とする保険には，自動車，火災，地震等がある。

対象とする分野は異なるものの，保険会社に共通の伝統的な業務としては，以下2つが挙げられる。

① 保険料の受入れと保険金の支払い
② 保険料の運用

図7.1は，保険会社の業務のイメージを描いたものである。

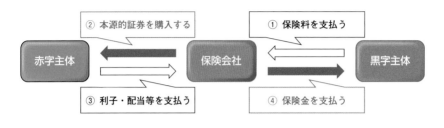

図7.1 保険会社の業務のイメージ

② 本源的証券を購入する　　① 保険料を支払う

赤字主体　　　保険会社　　　黒字主体

③ 利子・配当等を支払う　　④ 保険金を支払う

●保険料の受入れと保険金の支払い

　保険会社は，家計等の黒字主体との間で，いざというときに保険金を支払う見返りに，一括あるいは定期的に保険料を受け取る契約を結んでいる。契約者全員が保険料を支払う一方，保険金を受け取る経済主体は，契約で定められた事故等が発生した契約者のみとなる。

●保険料の運用

　保険会社は，保険金の支払いのために，組織として資産運用を行っている投資家（機関投資家と呼ばれる）である。特に，生命保険の終身保険と呼ばれる契約では，保障期間が生涯にわたるため，長期の視点から安定した資産運用が求められる。資産運用において，保険会社は，企業等の赤字主体が発行する株式や債券等の本源的証券を購入して，利子や配当等を受け取り，その資産運用の成果から，保険料の支払いを行っている。なお，保険会社のほか，年金基金や投資信託会社も機関投資家として資産運用を行っている。

7.4　その他の金融機関

　融資を行うことが認められている金融機関として，銀行以外にノンバンクがある。ノンバンクには様々な形態が存在するが，例えば，以下の事業者が挙げられる。

① 消費者金融会社

② クレジットカード会社

③ リース会社

●消費者金融会社

　消費者金融会社は，クレジットカード会社とともに，貸金業者に分類されており，財務局あるいは都道府県に登録されている業者である。消費者金融は，文字通り，消費者を対象とした金融であり，消費者に対して資金を貸し出す業務を行っている。銀行による融資とは異なり，貸出の際に担保が求められない等，審査基準が緩やかである一方，返済の際に高率の金利（利子率）が課されることになる。なお，高率の金利をめぐっては，多重債務を抱える消費者の増加が社会問題化したことから，現在は，借入金額に応じた，15％〜20％という金利の上限が設けられている。また，借りすぎを防止するために，借入の際には，年収に関する証明が必要となるほか，1/3を超える新規借入が認められないといった規制が導入されている。

●クレジットカード会社

　クレジットカード会社は，消費者金融会社と同様に，貸金業者に分類されており，消費者を対象とした金融を提供している。顧客の消費者に対して，キャッシングと呼ばれる金銭の貸付を行うとともに，顧客の消費者がクレジットカードで購入する場合には，会社がその顧客の代わりに代金を立て替えたうえで，消費者から事後的に一括あるいは分割で代金を回収している。

　キャッシングの際には，消費者金融会社と同様，借入金額に応じた，15％〜20％という金利の上限が設けられている。また，借入の際には，年収に関する規制も導入されている。一方，顧客がクレジットカードで購入する際には，キャッシングに適用される貸金業法は適用対象外となっている。

●リース会社

　リース会社は，消費者金融会社やクレジットカード会社とは異なり，企業を対象とした貸金業者である。また，資金を貸し出すのではなく，リース会社自らが購入した機械や設備等を顧客の企業に貸し出すという独自の業務を行っている。リースの形態には，以下2種類が存在する。

① 　ファイナンス・リース
② 　オペレーティング・リース

　ファイナンス・リースとは，顧客企業がリース会社に対して，機械や設備等の取得価額や保険料等からなるリース料を支払う形態のリース契約である。これは，実質的には，顧客企業が機械や設備等を一括払いで購入する代わりに，分割払いでの購入を選択したことと同じ効果をもたらす。このため，リース会社は顧客企業に対して金銭を直接貸し付けているわけではないものの，実質的には，資金を融通しているといえる。
　オペレーティング・リースは，ファイナンス・リース以外の形態のリースを指し，リース会社が顧客企業に対して，例えば1年等の契約期間中，機械や設備を貸し出し，顧客企業が賃貸料を支払う形態のリース契約である。ファイナンス・リースが実質的な分割払いでの購入であるのに対して，オペレーティング・リースは，一定期間の賃貸を意味する。

　以上のように，消費者金融会社，クレジットカード会社，リース会社といったノンバンクは，いずれも赤字主体に対して，銀行とは異なる独自の形態で資金の貸付を行っている。また，ノンバンクは，銀行とは異なり，黒字主体から預金を受け入れることが認められていないため，借入，社債，株式等で資金調達を行い，赤字主体に資金を融通する原資としている。

コラム1　メインバンク制

　日本では，企業と銀行が長期にわたる継続的な取引関係を構築するメインバンク制が重要な役割を果たしてきた。メインバンクとは，企業にとって最大の融資シェアを占める主要取引銀行である。しかし，メインバンク制とは，単に，メインバンクが企業に対して融資を行うだけではなく，その企業の株式を保有したり，企業に銀行から役員を派遣したりする等，企業経営にも積極的に関与するシステムである。

　次章で解説するように，銀行の融資には情報生産機能が備わっているが，メインバンクによる上記の融資を超えた長期の継続的な取引関係は，情報生産機能を強化するとともに，企業の経営を規律づける効果があると考えられている。加えて，企業が経営難に直面している場合に，メインバンクが企業の資金繰りを支援することで，難局を乗り越えられる可能性も高まる。近年は，大企業を中心に，銀行からの借入に依存しない無借金企業の割合が大きく，銀行離れが進んでいるとされているものの，特に中小企業にとって，メインバンクは重要な存在であるといえる。

コラム2　サステナブル金融

　近年，2015年に国連で採択されたSDGs（Sustainable Development Goals，持続可能な開発目標）達成に向けた取組みが様々な分野で推進されている。SDGsは，例えば，貧困をなくそう，質の高い教育をみんなに，働きがいも経済成長も，人や国の不平等をなくそう，作る責任，使う責任，平和と公正を全ての人に，といった17の目標から構成され，2030年までの実現が目指されている。人類および地球の持続可能性（サステナビリティ）は世界共通の課題であり，国境を越えた取組みが行われている。

　金融の分野においても，持続可能性が意識されつつある。持続可能な社会の実現に向けた金融の仕組みは，サステナブル金融と呼ばれ，ESG投融資（ESG投資およびESG融資）やインパクト金融といった，新たな概念が提唱されるようになっている。

ESG投融資（ESG投資およびESG融資）
　ESGのEは，再生可能エネルギー，資源管理，土地利用，生物多様性といったEnvironment（環境）に関すること，Sは人権，児童労働，労働基準，ダイバーシティ，消費者保護といったSocial（社会）に関すること，Gは企業の倫理，汚職防止，情報開示，株主の権利，ステークホルダーと呼ばれる企業の利害関係者との関わり，といったGovernance（ガバナンス，企業自身の管理体制）に関することを意味する。ESG投融資の目的は，財務に関する情報だけではなく，環境，社会，ガバナンスといったサステナビリティに関する要素を重視して投資や融資を行うことにある。

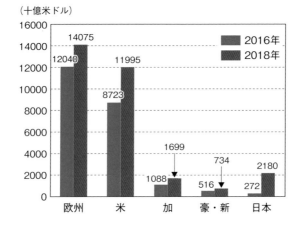

ESG投資の動向

（十億米ドル）

（出所）　田村怜・石本琢（2020）「ESG投資の動向と課題」ファイナンス，2020年1月号，p.39
https://www.mof.go.jp/public_relations/finance/202001/202001j.pdf

ESG投融資を促進することで，環境や社会，ガバナンスに取り組む企業が資金を調達しやすくなり，持続可能な社会の実現につながると考えられている。

　図は世界のESG投資の動向を示したものである。地域別では，2018年時点で欧州では約1400兆円，アメリカでは約1200兆円の規模となっており，欧州とアメリカで盛んにESG投資が行われている。それに対して，日本におけるESG投資の水準は，欧米との比較では依然として低い水準にとどまっている。ただし，2016年に約27兆円だった資産保有残高が2018年には約218兆円へと高い伸び率を示している。

　投資だけではなく，融資においてもESGに対する取組みが広がりつつある。例えば，融資を受けた企業がESGに関する数値目標を達成すると，企業が銀行に支払う金利を低下させる，サステナビリティ・リンク・ローン（SLL）と呼ばれる手法を導入している金融機関も存在する。環境省では，地域の金融機関によるESGをめぐる先進的な取組みに関する検討会を開催し，情報共有を図っている。また，政府系金融機関の日本政策投資銀行（DBJ）では，企業による水素エネルギーや電気自動車等の環境技術の開発と普及を後押しすることを目的として，2021年からの5年間の投融資総額の4割をESG分野に充てることを表明している。

　以上のように，ESG投融資は金融機関や企業の間で急速に浸透しつつある。

インパクト金融

　インパクト金融は，ESGの要素を考慮した金融の一種である。ただし，社会へのインパクト，すなわち投融資の成果が数値により評価される点で，従来のESG投融

資とは異なる。従来の ESG 投融資では，必ずしも成果を上げることが求められておらず，見せかけ（ウォッシュと呼ばれる）の ESG と批判されるケースも存在した。

　このため，例えば EU では「金融サービスセクターにおけるサステナビリティ関連情報開示に関する規則（SFDR と呼ばれる）」が導入され，金融商品がサステナビリティに実質的に貢献するものであるか否かを明示することが定められるようになる等，インパクトの評価が重視されるようになってきている。日本においても，2021 年 11 月に，国内金融機関 21 社が「インパクト志向金融宣言」に署名し，社会的インパクトの見込まれる投融資を積極的に推進することとなった。以上のように，国内外でインパクト金融の存在感が高まっている。

問 7.1 銀行の業務に関する記述として適当でないものはどれか。

① 銀行は，家計等の黒字主体から資金を預かり，企業等の赤字主体に対する融資を行っている。

② 銀行は，預金金利よりも低い貸出金利で融資を行うことにより利鞘を得ている。

③ 銀行は，顧客からの依頼で，振込，送金，口座振替等により決済を行う為替の業務も行っている。

④ 銀行は，リスクをヘッジするためのデリバティブ取引も行っている。

問 7.2 証券会社の業務に関する記述として適当でないものはどれか。

① 証券会社は，投資家が株式を購入する場合の取引を代行している。

② 証券会社自ら株式を売買する取引は，自己勘定取引と呼ばれる。

③ 証券会社は，店頭取引において，投資家に債券を販売している。

④ 証券会社は，投資家の代わりに，投資信託の資産運用を行っている。

問 7.3 保険会社の業務に関する記述として適当でないものはどれか。

① 保険会社は，扱う保険の種類によって，大きく，生命保険会社と損害保険会社に分類されている。

② 保険会社は，契約で定められた事故等が発生した契約者に対して，保険金の支払いを行っている。

③ 保険会社は，契約者から一括あるいは定期的に保険料を受け取っている。

④ 保険会社は，本源的証券を発行して資金を調達し，保険料の支払いを行っている。

問 7.4 ノンバンクの業務に関する記述として適当でないものはどれか。

① 消費者金融会社による貸出は，銀行よりも審査基準が緩やかである一方，返済の際に低い金利が課されることになる。

② クレジットカード会社は，顧客の消費者に対して，キャッシングと呼ばれる金銭の貸付を行っている。

③ リース会社は，自らが購入した機械や設備等を顧客の企業に貸し出している。

④ ノンバンクは，借入，社債，株式等で資金調達を行っている。

金融機関の位置づけと機能

　前章では，銀行や証券会社等様々な金融機関の業務について説明した。金融機関は，黒字主体（最終的な貸し手）から赤字主体（最終的な借り手）への資金の融通が円滑に進むように，黒字主体による株式等の売買を代行したり，黒字主体と赤字主体との取引の仲介を行ったりしている。本章では，黒字主体から赤字主体への資金の流れに着目して金融機関の位置づけを整理するとともに，金融機関が備えている機能について解説する。

8.1　伝統的な資金の流れ

　第 6 章で示したように，企業は，株式や社債の発行，銀行借入により，外部から資金を調達している。一方，金融機関は，家計等の黒字主体から企業等の赤字主体に向かって資金が円滑に流れるように，黒字主体による株式等の売買を代行したり，黒字主体と赤字主体との取引の仲介を行ったりしている。

　市場が完全ならば，企業の資金調達手段がどのような形態（株式，社債，銀行借入等）であっても，あるいは資金の流れがどの金融機関（銀行，証券会社等）を通じて行われても，赤字主体が調達できる資金額は同じである。しかし，現実には，借り手が資金を確実に返済できるか否

かについて，借り手自身はわかっているけれども貸し手がわからない，といった情報の非対称性等の市場の不完全性が存在するため，資金調達ルートが，借り手に調達可能な資金額に影響を与えている。このように，黒字主体から赤字主体へと資金が融通される際に，企業がどの資金調達ルートを選択するかは重要な問題である。そこで，本章では，まず，この資金の流れについて解説する。

　黒字主体（最終的な貸し手）から赤字主体（最終的な借り手）への資金の流れは大きく以下 2 つの形態に分けられる。

① 　直接金融：企業等の赤字主体（最終的な借り手）が発行する社債や株式が，家計等の黒字主体（最終的な貸し手）に直接移転する形態
② 　間接金融：銀行等金融機関が，黒字主体と赤字主体との間の取引を仲介し，家計等の黒字主体（最終的な貸し手）の代わりに企業等の赤字主体（最終的な借り手）と取引を行い，銀行借入の借用証書等が銀行等金融機関に移転する形態

　直接金融の場合には，証券会社が手数料を取って，黒字主体による株式の売買等を代行するものの，取引はあくまで，黒字主体（最終的な貸し手）と赤字主体（最終的な借り手）との間で行われる。一方，間接金融の場合には，銀行等金融機関が赤字主体（最終的な借り手）と取引を行う。間接金融において，取引を仲介する銀行等金融機関は，金融仲介機関と呼ばれる。

　なお，直接金融や間接金融といった資金の流れは，企業等の最終的な借り手の立場に立ってみると，第 6 章で説明した，企業の資金調達手段に対応している。企業が株式や社債で資金調達する場合には直接金融，銀行借入で資金調達する場合には間接金融に分類される。

8.2 新たな資金の流れ

　直接金融と間接金融に加えて，市場型間接金融も存在感を高めている。市場型間接金融は，投資銀行や機関投資家が家計等の最終的な貸し手から資金を集めるという点で間接金融の性質を備えていると同時に，集めた資金で株式や債券を購入するという点で直接金融の性質を備えた金融仲介の形態となっている。市場型間接金融の例としては，投資信託やシンジケート・ローンが挙げられる。

●市場型間接金融の例① 投資信託

　投資信託とは，運用機関が多くの投資家から資金を集めて株式や債券などに分散投資を行い，運用成果を投資家に分配する金融商品である。図 8.1 が示すように，投資信託の純資産額は全体に増加傾向にある。

　個人がポートフォリオを作成して投資する場合，多額の資金や投資先に関する情報等が必要となるが，投資信託により，少額でも分散投資することが可能になるとともに，調査コストを節約できるメリットもある。また，資金が株式や債券に投資されることから，収益率は預金等の安全資産よりも高くなる。その一方で，元本は保証されておらず，投資家自らがリスクを負担することになる。また，投資家は運用会社に信託報酬と呼ばれる手数料を支払う必要がある。

　なお，投資家にとって最適なポートフォリオは，第 4 章で解説した市場ポートフォリオ，すなわち市場で取引されるあらゆる金融資産から構成された（厳密には，各資産の時価総額でウェイト付けされた）ポートフォリオであるという考え方がある。この考え方に基づいて資産運用する方法はパッシブ運用，またパッシブ運用の対象となる投資信託は，パッシブ・ファンドと呼ばれる。代表的なパッシブ・ファンドには，日経平均株価や TOPIX などの株価指数と同じ構成で作成された投資信託があり，このような指数に連動するタイプの投資信託は，インデックス・ファンドと呼ばれる。

　インデックス・ファンドに対して，割安な株式や成長が見込まれる株

図 8.1　投資信託の純資産額推移

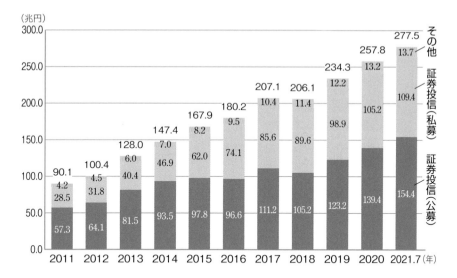

（注）データは 2021 年以外，各年 12 月末時点のもの。
　　　データはファンド・オブ・ファンズ（複数の投資信託を投資対象とする投資信託）の重複計上分も含んでいる。
　　　「その他」は，証券投信以外の契約型投信，不動産投資法人，インフラ投資法人など。不動産投資法人およびインフラ投
　　　資法人は前月（ひと月遅れ）のデータ。
（出所）投資信託協会（2021）「投資信託の主要統計等ファクトブック（2021 年 7 月末）」
　　　　https://www.toushin.or.jp/statistics/factbook/

式，例えば ESG（環境，社会，ガバナンスのこと，持続可能な社会の
実現に必要として近年注目されている要素）等の特定分野を対象とした
金融商品を対象とする投資信託は，アクティブ・ファンドと呼ばれる。
また，アクティブ・ファンドを対象として資産運用する方法は，アクテ
ィブ運用と呼ばれる。

●市場型間接金融の例②　シンジケート・ローン

シンジケート・ローン（syndicated loan）とは，複数の金融機関か
ら構成されるシンジケート（協調融資）団による，同じ条件および契約
に基づき，企業に対して行う融資である。シンジケート団に参加する各
金融機関にとっては，借り手が返済できなくなるリスクを 1 行で抱える

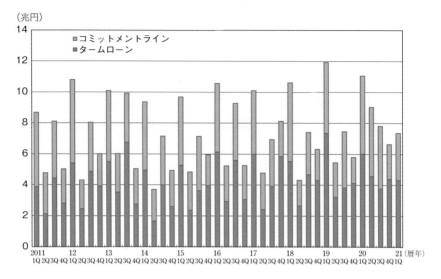

図 8.2　シンジケート・ローン組成額の推移

（兆円）

（原典）　全国銀行協会より野村資本市場研究所作成
（出所）　野村資本市場研究所「野村資本市場クォータリー 2021 Summer」
　　　　http://www.nicmr.com/nicmr/data/market/security.pdf

必要がないため，リスクを分散できるメリットがある。また，融資に関する条件および契約が詳細に定められることから，効率的なリスク管理が可能となる。シンジケート・ローンには，コミットメントライン（銀行に手数料を支払うことで一定期間にいつでも借りられる限度額）付きの契約やタームローン（期間が中長期に及ぶ契約）がある。両者を組み合わせて，中長期の契約期間中に分割して融資が行われる，コミットメント付タームローンも活用されている。図 8.2 が示すように，第1四半期（1Q）の契約が多く，年間の合計では 20 兆円ほどの規模となっている。

8.3 金融機関の位置づけ

8.1節および8.2節では，黒字主体から赤字主体への資金の流れが大きく直接金融，間接金融，市場型間接金融の3種類に分類され，それぞれ異なる種類の金融機関がかかわっていることを示した。日本銀行 (2021)『資金循環統計の解説』では，直接金融や市場型間接金融等を含む，広い意味での金融仲介機関として，金融機関を以下のように分類している。

① 中央銀行
② 預金取扱機関
③ 証券投資信託
④ 保険・年金基金
⑤ その他金融仲介機関

本章で説明した直接金融に該当する金融機関は③のうち証券会社，間接金融に該当する金融機関は②と④，市場型間接金融に該当する金融機関は③のうち投資信託となる。間接金融に該当する金融機関は，一般に，金融仲介機関と呼ばれ，黒字主体と赤字主体の間に介在して，取引を仲介している。

8.4 金融仲介の機能

本節では，金融機関の中でも，間接金融に関わる金融仲介機関が備えている機能について解説する。間接金融では，銀行等金融仲介機関が家計等の黒字主体（最終的な貸し手）と企業等の赤字主体（最終的な借り手）との間の金融取引を仲立ちしている。金融仲介機関は主として以下2つの機能を備えている。

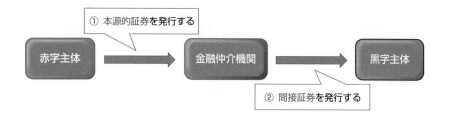

図8.3 資産変換機能のイメージ

① 本源的証券を発行する

赤字主体 → 金融仲介機関 → 黒字主体

② 間接証券を発行する

① 資産変換機能
② 情報生産機能

●資産変換機能

　資産変換機能とは，金融仲介機関が，企業等の赤字主体が発行する借入証書等（本源的証券と呼ばれる）を手元に保管する一方，家計等の黒字主体に対して預金証書等（間接証券と呼ばれる）を発行することで，金融資産（本源的証券）を別のタイプの金融資産（間接証券）に変換することである。図8.3は本源的証券が間接証券に変換されるイメージを描いたものである。

　資産変換機能は以下3つの役割を果たしている。

① 黒字主体の資金の小口化
② 金融資産の流動性の上昇
③ 金融資産のリスクの低下

　第1に，資産変換機能には，各黒字主体から集める必要のある資金を小口化する効果がある。企業等の赤字主体が発行する株式等の本源的証券を，家計等の黒字主体が直接購入する場合には，多額の資金が必要となる。しかし，各黒字主体がそれほど多額の資金を有しているとは限らない。金融仲介機関は少額の間接証券を多数発行することができるため，各黒字主体の資金が少額であっても，金融仲介機関には多額の資金が集

まり，赤字主体に対して，多額の資金を融通することができる。すなわち，本源的証券自体が高額であっても，金融仲介機関の存在により，多くの黒字主体からトータルとして多額の資金を集められるため，各黒字主体が提供する資金は少額で済むようになる。

第2に，金融資産の流動性を高める効果がある。借入証書等の本源的証券は，すぐに現金化できず，流動性の低い金融資産である。その一方で，預金証書等の間接証券は，黒字主体が普通預金を下ろすなど，すぐに現金として用いることができる。このため，金融仲介機関の存在により，金融資産の流動性を高めることができる。

第3に，金融資産のリスクを低下させる効果がある。借入証書等の本源的証券は，赤字主体が債務不履行に陥るリスクがあることから，危険資産に分類される。一方，預金証書等の間接証券は，赤字主体の債務不履行に依らず，金融仲介機関が破綻しない限り保証されており，安全資産に分類されている。このため，金融仲介機関の存在により，安全資産（リスクが低い金融資産）である預金証書等の発行が可能となる。金融仲介機関が破綻する可能性については，第9章や第14章で解説する。

●情報生産機能

情報生産機能とは，金融仲介機関が，企業等の赤字主体（最終的な借り手）に関する情報を収集・分析することで，赤字主体に関する新たな情報を生み出す機能をいう。家計等の黒字主体（最終的な貸し手）自身は，赤字主体の債務不履行のリスク等を判断できる情報に直接アクセスすることが難しい。このため，赤字主体に資金を直接融通しようとすると，質の高い借り手に対しても高い利子率の支払いを要求することになってしまう。すると，質の高い借り手は，黒字主体から資金を調達しなくなるという現象が発生する（この現象は，逆選択と呼ばれる）。

しかし，金融仲介機関が介在すると，各黒字主体が金融仲介機関に情報生産を委託し，金融仲介機関が各黒字主体に代わって情報生産を行うことが可能となる。すると，黒字主体が個別に情報生産を行うよりも情報収集にかかるコストを節約することができるうえ，赤字主体に対して

適切な利子を設定することが可能となる。結果的に，質の高い借り手も，金融仲介機関を通じて，黒字主体から資金を調達するようになる。このように，金融仲介機関の存在によって情報生産が行われるようになり，黒字主体から赤字主体への円滑な資金の融通が可能になるというメリットがある。

8.5　銀行特有の機能

　本節では，8.3節で示した金融機関の分類のうち，②の預金取扱機関に焦点を当てる。預金取扱機関は，前述の日本銀行（2021）『資金循環統計の解説』において，「預金を受け入れ，貸出を行う銀行などを総称する」と定義され，在日外銀，農林水産金融機関，中小企業金融機関等も含まれる。以下では，預金取扱機関を単に「銀行」と記載する。銀行が備えている機能には，以下2つがある。

① 　要求払預金の提供
② 　流動性の供給

●要求払預金の提供

　銀行特有の機能として，家計等の黒字主体に対して，要求払預金を提供していることが挙げられる。要求払預金とは，預金者の要求に応じていつでも払い戻しが可能な預金のことである。具体的には，普通預金や当座預金を指す。なお，第1章でも説明したが，当座預金とは，企業等が現金ではなく，小切手や手形で支払う際に用いる決済用の無利子の預金のことである。

　要求払預金は，銀行が家計等の黒字主体（最終的な貸し手，ここでは預金者）に対して返済する義務がある預金であるため，銀行にとっては，各黒字主体と負債契約を結んでいることを意味する。利子のつく一般の普通預金の口座を持つ家計の場合は，銀行に預金することで，預金保険

の範囲で元本（預金額）が保証されるだけではなく，利子収入を得ることもできる。ただし，要求払預金には，他の経済主体との間で自由に売買する市場（流通市場）が存在しないため，要求払預金を他人に譲渡することはできない。

　要求払預金の特筆すべき性質には，以下の2つがある。

① 　いつでも預金を引き出せること
② 　預金の払い戻しが先着順であること

この2つの性質は，銀行の経営を規律付けるという意味において特に重要な役割を担っている。第1に，いつでも預金を引き出せるという性質があることで，銀行の経営が悪化する兆候がある場合には，それに気づいた預金者がいつでも預金を引き出すことができる。第2に，預金の払い戻しが先着順であるという性質があることで，預金者が銀行の経営状態に関心を持って情報収集するようになる。預金者のこのような行動を見越して，銀行側も普段から規律ある経営をするよう心掛けるようになる。

●流動性の供給

　銀行に特有の2つ目の機能としては，黒字主体に対する流動性の供給が挙げられる。流動性とは，第1章で説明したように，取引における交換手段にどれだけ容易に変換できるかを表し，貨幣は究極の流動性資産である。貨幣に含まれるもののうち，現金通貨は収益を全く生み出さないが，預金通貨（一般の普通預金）は，利子を生むだけではなく，いつでも引き出しが可能であることから流動性も備えている。このように，銀行は，要求払預金の提供を通じて，預金者に対して流動性を供給するという機能も備えている。

　なお，銀行は，預金のうち，一部の引き出しに必要な金額以外を赤字主体への貸出（融資）に回しているが，このような流動性の高い要求払預金を常に提供できるのは，多くの預金者が預けており，全員が同じタ

イミングで一度に引き出すわけではないことが前提となっている。この前提が崩れると，銀行取付が発生し，金融システムが機能しなくなってしまう。第4部では，金融システムを安定化させるための政策対応についても説明する。

コラム1　フィンテック

　フィンテック（FinTech）は，Finance（金融）と Technology（技術）から生まれた造語で，金融技術とも訳される。IT・ICT（情報通信技術）の発達により，決済・送金や資金調達等様々な分野に，金融仲介機関以外の企業が積極的に参入している。

　従来は，家計等の黒字主体（最終的な貸し手）と金融仲介機関，あるいは金融仲介機関と企業等の赤字主体（最終的な借り手）が預金や融資等，相対で金融取引を行っていた。しかし，近年は送金や与信審査等 IT 企業が金融仲介機関の従来の活動を簡素化するサービスを展開している。例えば，第1章で説明した，ビットコインの中核技術として，取引データの履歴を記録するために開発されたブロックチェーンと呼ばれる技術も，国際送金等にも応用され，金融仲介にかかるコストの削減に貢献している。金融仲介機関と IT 企業は必ずしも代替関係にあるわけではなく，以下の 2021 年11月24日付日本経済新聞夕刊の記事にもみられるように，デジタル通貨の実用化に向けた共同の取組みも注目を集めている。

デジタル通貨70社連合発表　来年後半にも実用化

　三菱 UFJ 銀行などメガバンクや大企業の約 70 社が参加する企業連合が24 日，デジタル通貨の試験発行を始めると発表した。銀行預金を裏付け資産とし，企業間の送金の実証実験を数カ月の期間で進める。早ければ 2022年後半の実用化も視野に，送金の効率化やコスト引き下げにつなげるねらいだ。

　国内の大手企業でつくる「デジタル通貨フォーラム」が実証実験を始める。メガバンクのほか，NTT グループや JR 東日本，関西電力，セブン＆アイ・ホールディングスなどが参画する。インターネットイニシアティブ（IIJ）傘下で暗号資産（仮想通貨）交換を手掛けるディーカレット（東京・千代田）を中心とした民間主導の協議会が母体

で，金融庁や日銀はオブザーバーについている。

　デジタル通貨の仮称は「DCJPY」で，企業間の決済や電力取引など複数の実証実験を年明けにかけて始める。預金を裏付けに銀行が発行し，利用者は口座を開設することでデジタル通貨を保有できる。円建てのデジタル通貨で最小取引単位は1円とし，当面は国内の法人や個人の利用を想定する。

　従来の銀行預金間の決済と比べ，大口の送金でコストが抑えられるほか，手続きが迅速になることが期待されるという。

　銀行預金を裏付けに発行するため，信用力を確保しつつ，企業間でのデジタル通貨の相互利用もしやすくする。

（出所）日本経済新聞（2021 年 11 月 24 日，1 面）

◆ 練習問題

問 8.1　直接金融に含まれないものとして適当なものはどれか。（複数選択）
① 債券の購入
② 株式の購入
③ 銀行預金
④ 投資信託の購入
⑤ 証券化商品の購入

問 8.2　本源的証券を間接証券に変換する金融仲介の機能として適当なものはどれか。
① 情報生産機能
② 資産変換機能
③ 流動性供給機能

問 8.3　本源的証券と間接証券のうち，リスクが高いのはどちらか。
① 本源的証券
② 間接証券

問 8.4　金融仲介機関による情報生産のメリットとして適当なものはどれか。（複数選択）
① 金融仲介機関によって生産された情報に基づき，借り手の質に見合った利子率を設定できる。
② 金融仲介機関が存在しない場合と比べて，各黒字主体（最終的な貸し手）の情報生産にかかるコストを下げられる。
③ 黒字主体（最終的な貸し手）から赤字主体（最終的な借り手）への円滑な資金の融通が可能になる。
④ 黒字主体（最終的な貸し手）と金融仲介機関との間の情報の非対称性がなくなる。

問 8.5　要求払預金に関する記述として適当なものはどれか。（複数選択）
① 要求払預金はいつでも引き出すことができる。
② 要求払預金の払い戻しは先着順である。
③ 銀行は，要求払預金を提供することで，銀行の経営を規律付けることが可能となる。
④ 銀行は，要求払預金の提供を通じて，黒字主体（預金者）に対して，流動性を供給することができる。

第9章
銀行規制

　様々な金融機関の中でも，銀行には伝統的に多くの規制が課されてきた。第9章では，とりわけ銀行に多くの規制が課される理由を示したうえで，銀行に対する規制の種類やこれまで銀行に課されてきた規制の変遷について説明する。また，銀行の活動は国内にとどまらず，国際的な取引を通じて各国経済に大きな影響を及ぼしうるため，国際的にも銀行規制について議論が行われている。本章では，国際的な銀行規制として，バーゼル規制を取り上げる。

9.1　規制の根拠

　銀行には伝統的に多くの規制が課されてきた。銀行に対する規制が正当化される理由としては以下が挙げられる。いずれも，銀行間の自由な競争に任せておくと，経済が非効率になるという，市場の失敗と呼ばれる現象が発生するケースである。

① 自己実現的な銀行取付
② 銀行経営者のモラルハザード
③ システミックリスク

●自己実現的な銀行取付

　自己実現的な銀行取付とは，預金者が預金の引き出しのために銀行に殺到（銀行取付と呼ばれる）するほどには，銀行の経営状態が悪くはなかったにもかかわらず，風評等により，銀行取付が発生するかもしれないと預金者が予想した結果，実際に預金者が預金の引き出しに殺到してしまう現象をいう。

　自己実現的な銀行取付が銀行に特有であることの背景には，銀行が預金者から預かっている預金の一部を企業等への長期の貸出に回していることがある。預金者が一斉に預金を引き出そうとすると，銀行の手元には，預金者全員に預金を払い戻せるほどの資金がないため，預金者に預金の全額を払うことができなくなる。預金者もこのことを知っているため，一刻も早く預金を引き出そうとする。結果として，銀行の経営に状態に問題がなくても，銀行取付が自己実現的に発生することとなる。

　以上のように，銀行取付が発生するほど経営状態が悪くはないにもかかわらず，人々の予想により取付が自己実現的に発生してしまうことは社会的に非効率である。さらに，金融不安が高まることで，他の銀行にも取付が波及し，金融システムに甚大な影響を及ぼしかねない。そこで，金融不安を鎮め，自己実現的な銀行取付を防止するために，政府の預金保険（後述）や中央銀行の最後の貸し手機能（他の金融機関から資金を借りられない金融機関に対して，中央銀行が一時的に資金を供給する機能）と呼ばれる制度が整備されている。

●銀行経営者のモラルハザード

　モラルハザードとは，情報を持っている経済主体が，情報を持っていない経済主体と契約を結んだ後，自分にとって望ましい行動をとることをいう。預金者は，銀行の経営者ほど銀行の経営状態に関する情報を持っておらず，銀行の経営者と預金者との間には情報の非対称性が存在する。このことを知っている経営者は，モラルハザードにより，必要以上にリスクの高い融資を行う等，社会的に望ましい経営を行わない可能性がある。モラルハザードを防止するために預金者が経営者の行動を監視

するといっても，銀行の預金者の大半は小口（少額）の預金者であり，預金者自ら銀行を監視するとなると，1人当たりの監視コストが割高となってしまうため，他の預金者が監視してくれることを期待して適切な監視を行わなくなる（ただ乗りと呼ばれる）。このように，各預金者の自発的な監視に任せておくと，適切な銀行経営が行われず，社会的に非効率となる。そこで，政府が無数の小口の預金者に代わって銀行を監視することが望ましくなる。

●システミックリスク

システミックリスクとは，ある金融機関が支払い不能となった場合，その影響が他の金融機関に連鎖的に波及し，金融システムが機能不全に陥るリスクのことである。各銀行は，企業や家計等の日々の決済を銀行間の口座振替によって行っている。銀行間の決済システムの存在には，金融取引に伴うコストを削減できるメリットがある。しかし，銀行同士で取引が連動するようになるため，例えば，ある銀行が破綻すると，資金を受け取るはずの銀行も破綻し，その銀行が資金を受け取るはずの別の銀行も…と破綻の連鎖が発生する可能性がある。このように，本来は破綻しないはずであった銀行まで打撃を受けることから，システミックリスクにより経済が非効率になるといえる。そこで，システミックリスクを防止する金融システム安定化のための政策を実施することが重要となる。

9.2 規制の種類

前節で説明したように，銀行規制は，市場の失敗による銀行経営の非効率化や金融システムの不安定化等に対応することを目的として導入されている。規制には，市場の失敗による弊害を未然に防止するための事前的な規制と，弊害が発生した際の事後的な規制がある。

事前的規制の主なものとして以下が挙げられる。

① 参入規制

② 業務範囲規制

③ 金利規制

④ 店舗規制

⑤ バランスシート規制

⑥ 検査および考査

●参入規制

参入規制は，銀行業への新規参入を希望する会社に対して，免許審査を行う等，厳しい基準を設けるものである。

●業務範囲規制

業務範囲規制とは，銀行業務と証券業務の分離（銀証分離と呼ばれる）や銀行部門と証券部門の間での情報の遮断（ファイアーウォール規制と呼ばれる）等，銀行の業務に課される規制のことである。

●金利規制

金利規制とは，貸出金利や預金金利に課す規制のことである。預金金利や貸出金利に上限を設けること等により，銀行間の価格競争を直接制限することになる。

●店舗規制

店舗規制は，銀行の支店の新設や営業時間の設定等に課される規制である。

事前的な規制のうち，以上の参入規制，業務範囲規制，金利規制，店舗規制はいずれも競争を制限することで市場の失敗を防止しようとする規制である。次節で説明するように，競争制限的な規制は金融自由化の流れの中で廃止・緩和されている。

●バランスシート規制

バランスシート規制は，銀行のバランスシート（資産，負債，資本が一覧表となった，貸借対照表）に課される規制である。代表的な規制として，自己資本比率規制や大口融資規制がある。自己資本比率規制は，リスクのある資産に対して一定程度の自己資本の保有を義務づけるものである。国際的に活動する銀行に対しては，バーゼル規制（BIS 規制とも呼ばれる）が課されている。バーゼル規制の詳細については 9.4 節で取り上げる。また，大口融資規制は，同一人に対する融資に上限（銀行の自己資本の 25%）を設けるものである。これらの規制により，銀行が過度なリスクを抱え込むことを防止している。

バランスシート規制は，銀行経営を健全化することを目的として，銀行間の競争を制限しない代わりに，銀行のバランスシートを直接規制するものである。これらの規制は公的部門によるものであるが，業界団体（例えば，日本証券業協会や投資信託協会等）による自主規制も市場の失敗の是正に効果的である。

●検査および考査

金融庁による検査および日本銀行による考査は，いずれも銀行の経営状態を把握するために，金融庁や日本銀行の担当者が銀行に直接出向いて行う調査である。金融庁の検査が銀行のリスク管理体制の検証等を行うのに対して，日本銀行の考査は，銀行の資産状況等を把握することを目的としている。

事後的規制の主なものとして以下が挙げられる。

① 預金保険
② 最後の貸し手機能
③ 公的資本の注入

●預金保険

預金保険とは，銀行が破綻した場合に，預金者の預金を一定程度保護するための制度である。銀行は，事前に，預金者から預け入れている預金額に応じて，預金保険機構と呼ばれる公的機関に保険料を事前に払い込む。その後，万が一銀行が破綻して，預金者に対して預金を払い戻せなくなった場合，預金保険機構が銀行の代わりに，預金者に対して，1000万円とその利子までの預金を払い戻すというものである。

●最後の貸し手機能

最後の貸し手機能は，経営状態が健全であるものの，他の銀行から資金を借りられず，一時的に流動性不足に陥った銀行に対して，中央銀行が最後の貸し手として必要額を貸し出すという機能である。

預金保険や最後の貸し手機能には，預金者の疑心暗鬼を取り除くことで，銀行取付を未然に防止する効果がある。

●公的資本の注入

公的資本の注入とは，政府が公的資本を用いて，銀行の株式，債券や不良債権を買い取ることにより，銀行の自己資本を増強することである。支援を受けた銀行は，経営基盤の強化や公的資本の返済に向けて，経費節減等の取組みを行うことになる。

以上の政府・中央銀行による規制以外にも，他の銀行による破綻銀行の救済合併や，業界団体あるいは他の銀行による破綻銀行および救済した銀行への資金援助が行われることがある。

9.3　規制の変遷

日本の銀行には，かつては護送船団方式の下で，多くの競争制限的な

規制（前項で説明した参入規制，業務範囲規制，金利規制，店舗規制等）が課されていた。しかし，1990年代半ばからの日本版金融ビッグバンや国際的な金融自由化の潮流の中で，競争制限的な規制は撤廃され，自主規律と市場規律を用いた規制に重点が置かれるようになった。

●護送船団方式

　護送船団方式とは，経営体力の最も弱い銀行が破綻することのないように，監督官庁であった旧・大蔵省が，参入規制，業務範囲規制，金利規制，店舗規制といった，競争制限的な規制により銀行を保護していた方式を指す。1990年代半ばから日本版金融ビッグバンが実施されるまで，金融行政の根幹をなすシステムであった。銀行の破綻を未然に防止できるメリットがある一方，競争原理が働かないため，非効率な経営体制が存続し，金融の技術革新が進まないという弊害もあった。

●日本版金融ビッグバン

　日本版金融ビッグバンとは，1990年代半ばから実施された，日本の金融システムの包括的な改革のことである。1996年に当時の橋本内閣により提唱され，2001年までに日本の金融市場をニューヨークやロンドン並みの国際金融市場とすることが目指されていた。Free（自由な市場），Fair（公平な市場），Global（国際的な市場）を3原則として，市場競争を重視した構造改革が実施された。一連の改革により，金融持株会社の設立や銀行等による投資信託の販売が可能となる等，それまでの競争制限的な規制の多くが撤廃された。

●ペイオフの凍結と解禁

　ペイオフとは，銀行が破綻に備えて事前に預金保険機構に保険料を払い込み，銀行が破綻した場合，預金保険機構が銀行に代わって，預金者に保険金として1000万円とその利息を上限に支払うことである。
　1990年代前半までは，銀行が経営危機に直面すると，護送船団方式の下で救済合併による破綻処理が行われる等，預金は実質的に全額保護

されていた。しかし，バブル崩壊による銀行の経営悪化で金融機関の破綻が相次ぎ，金融不安が高まったため，預金保険法の改正により，1996年からペイオフは5年間凍結され，預金は全額保護されることになった。その後，金融不安の解消に伴い，段階的に解禁され，2005年以降は，当座預金等一部の預金を除く全ての預金がペイオフの対象となっている。

9.4　バーゼル規制

　銀行の活動は国内にとどまらず，国際的な取引を通じて各国経済に大きな影響を及ぼしうるため，国際的にも銀行規制について議論が行われている。国際的な規制の代表的なものとして，バーゼル規制（BIS規制とも呼ばれる）がある。1988年にバーゼル銀行監督委員会において自己資本比率規制（バーゼルIと呼ばれる）が合意され，その後の見直しにより，2004年にバーゼルII，2010年にバーゼルIIIが公表された。

●バーゼルI

　バーゼルIでは，国際業務を行う銀行に対して，自己資本比率をリスク資産の8%以上保有することが義務づけられた。自己資本比率とは，銀行が保有するリスクのある資産（リスク資産相当額と呼ばれる）に対して，銀行が保有すべき自己資本相当額の比率のことであり，以下のように計算される。

$$自己資本比率（\%）＝\frac{自己資本相当額}{リスク資産相当額}×100$$

ここで，リスク資産相当額とは，銀行の保有する資産を，各資産のリスクに応じてウェイト付けて集計したものである。各資産のリスクにかけられるウェイトは，資産のリスクが高いほど大きくなり，国債が0%，住宅ローンが50%，企業への融資が100%とされていた。このことは，リスクの高い資産を抱えるほど，自己資本比率が低くなり，より自己資

本相当額を高める必要が生じることを意味する。

　バーゼル I は各国共通の銀行規制を導入することで，国際的な金融システムの安定性を目指すものだった。しかし，不良債権を抱える銀行にとって，自己資本相当額を高めることは難しく，自己資本比率を維持するためには，リスク資産相当額を減らすことになる。企業への融資にかかるウェイトが 100％であったことから，日本では，1990 年から 1991 年にかけてのバブル崩壊後，不良債権を抱えていた銀行が自己資本比率を維持するために，いわゆる貸し渋りが発生した。また，企業に対する融資のリスクウェイトが一律に 100％である等，個別企業等の実態を反映していないという問題も存在した。こうした弊害を是正するために，バーゼル I が見直され，バーゼル II が新たに公表された。

●バーゼル II

　バーゼル II では，リスク資産相当額（自己資本比率の計算式の分母）の見直しが行われた。特に，バーゼル I では，融資先のリスクウェイトが一律 100％であったが，バーゼル II では，各融資先の格付けに応じた信用リスク（融資先の返済に関するリスク）がリスクウェイトに反映されるようになった。また，リスクウェイトを設定する際には，銀行独自の格付けを利用することも可能となった。さらに，バーゼル I では信用リスクと市場リスクのみが対象とされていたが，バーゼル II では，オペレーショナル・リスク（事務処理や不正のリスク）も考慮されるようになった。これらの見直しにより，融資先に関するリスク評価が実態をある程度反映したものとなり，リスクに見合った融資が可能となったため，いわゆる貸し渋りの問題もある程度解消された。

　ただし，バーゼル II では，自己資本相当額（自己資本比率の計算式の分子）が見直されず，2008 年からの世界金融危機を防止できなかったことから，改訂が行われ，2010 年にバーゼル III が公表された。

●バーゼル III

　バーゼル II において，自己資本相当額は主として，Tier 1，Tier 2 と

図9.1　バーゼルⅡとバーゼルⅢの比較

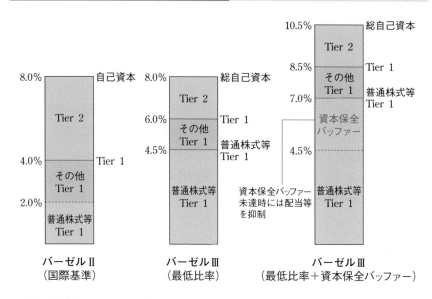

（出所）　金融庁「バーゼル3について」
　　　　https://www.fsa.go.jp/policy/basel_ii/basel3.pdf

呼ばれる下記2つの項目から構成されていた。

① 　Tier 1（基本的項目）
② 　Tier 2（補完的項目）

● Tier 1

　自己資本の中核をなす項目であり，普通株式，優先株式，内部留保等から構成される。

● Tier 2

　損失が発生した際にバッファーとなりうる項目であり，有価証券や不動産の含み益の一部，劣後債による借入から構成される。

図 9.1 は，バーゼルⅡとバーゼルⅢを比較したものである。バーゼル Ⅲでは，Tier 1 のうち狭義の Tier 1（優先株式を含まない普通株式等）のリスク資産に占める比率が 2.0％から 4.5％に，Tier 1 の比率が 4.0％から 6.0％へと引き上げられた。国際的に活動する銀行は，最低限これらの比率（最低所要自己資本比率と呼ばれる）を確保することが求められた。また，不況時に自己資本が減少しても，最低所要自己資本比率を維持できるように，狭義の Tier 1 には，最低限の 4.5％に加えて，2.5％の自己資本比率の上乗せ（資本保全バッファーと呼ばれる）が新たに導入された。さらに，グローバルに活動する，金融システム上重要な銀行（G-SIBs）に対しては，1.0〜2.5％の自己資本比率の上乗せ（G-SIBs サーチャージと呼ばれる）が課されることとなった。

　以上の量的な規制に加えて，自己資本の質を高める見直しも行われた。例えば，株式持ち合いにより，見かけ上，自己資本比率が上昇することを防止するために，バーゼルⅢでは，狭義の Tier 1 に，他の金融機関が保有する株式を含むことが認められなくなった。

　バーゼルⅢでは，自己資本比率の見直しに加えて，2008 年からの世界金融危機において，流動性不足の深刻化や銀行の過度なリスクテイクが問題となったことから，流動性やレバレッジに関する以下の規制も導入された。

① 　流動性カバレッジ比率
② 　安定調達比率
③ 　レバレッジ比率

●流動性カバレッジ比率

　流動性カバレッジ比率は，資金調達が困難な状況が 1 か月続く場合においても，銀行が流動性の高い資産を確保するために導入された指標である。流動性カバレッジ比率が 1 以上，すなわち資金流出額以上に高品質の流動資産を保有することが求められている。

●安定調達比率

　安定調達比率は，銀行が保有している流動性の低い資産が売買できなくなる場合に備えて，銀行が流動性の高い安定的な資金調達手段を確保するために導入された指標である。安定調達比率が１以上，すなわち流動性の低い資産以上に，資本や預金等の安定的な資金を保有することが求められている。

●レバレッジ比率

　レバレッジ比率は，銀行がリスク資産に対して，十分な自己資本を確保するために導入された指標である。レバレッジ比率は3%以上であることが求められている。

コラム1　バーゼル規制の日本での適用

9.4 節で説明したように，バーゼル規制は，バーゼル銀行監督委員会で合意された国際規制であり，各国はバーゼル規制と整合的な規制を国内の金融機関に対して適用することになる。日本では，コロナ禍による適用時期の延期を受けて，国際統一基準行および内部モデルを持つ国内基準行については 2024 年 3 月末から，内部モデルを持たない国内基準行については 2025 年 3 月末から，バーゼルⅢを踏まえた新たな規制を適用する予定となっている。

リーマン・ショック後の国際規制（バーゼルⅢ）

バーゼルⅢは金融危機の再発防止を狙う	
2008 年	リーマン・ショック
10 年	自己資本に占める普通株の割合引き上げ，不測の事態に備えた資本バッファーを導入
13〜17 年	短期の市場急変に耐えうる流動資産の確保など
17 年 12 月	リスク資産をより厳密に計測し，銀行経営の安定化につなげる
23 年 3 月	メガバンクなど国際基準行で最終バーゼルⅢを適用（予定）
24 年 3 月	地銀や信金でバーゼルⅢを踏まえた国内版を適用（予定）

リスク資産評価の改定

新規制の主な変更点 自己資本比率の分母（リスク資産）の計算法	
中堅・中小企業向け融資	100%→85%
株式	100%→250%（5 年間の段階適用）
劣後債	100%→150%
住宅ローン	担保による保全が高い債権は軽減

（注：右表）　資産の実額に掛け目をかけて計算する。
（出所）　日本経済新聞（2021 年 9 月 29 日，9 面）
なお，左表の 23 年 3 月は 24 年 3 月，24 年 3 月は 25 年 3 月に延期された。

今回の規制では，右表が示すように，自己資本比率の分母に当たるリスク資産の評価が改定された。具体的には，株式や劣後債のリスク評価がより厳しくなった一方，中堅・中小企業向け融資に対するリスク評価が緩和された。この適用により，銀行の財務の健全性が高まるとともに，金融危機時に中堅・中小企業に対する融資が継続されやすくなり，実体経済への波及が緩和されるようになることが期待される。

ただし，近年存在感が高まっている，ヘッジファンドやプライベートエクイティファンドといった，シャドーバンキング（影の銀行）と呼ばれる金融仲介機関は今回の規制の適用対象外となっている。シャドーバンキングに対する規制については，国際的に規制が強化される方向で議論が進められている。

◆ 練習問題

問 9.1　銀行に対する規制が認められている理由として適当でないものはどれか。
① 自己実現的な銀行取付を防止するため。
② システミックリスクを防止するため。
③ 政府と銀行の間の情報の非対称性を防止するため。

問 9.2　銀証分離に関する規制として適当なものはどれか。
① 参入規制
② 業務範囲規制
③ 金利規制
④ 店舗規制
⑤ バランスシート規制

問 9.3　日本のこれまでの規制に関する記述として適当でないものはどれか。
① 1990 年代初頭まで，銀行は護送船団方式の下で競争制限的な規制により保護されていた。
② 日本版金融ビッグバンにより，金融持株会社の設立が認められるようになった。
③ ペイオフ解禁により，預金は実質的に全額保護されるようになった。

問 9.4　バーゼル規制に関する説明として適当でないものはどれか。
① バーゼル規制では，国際業務を行う銀行に対して，自己資本比率をリスク資産の 8% 以上保有することが義務づけられた。
② バーゼル規制において，リスク資産相当額が増加すると，自己資本比率は下落する。
③ バーゼル II では，信用リスク，市場リスクに加えて，流動性リスクも対象とされた。
④ バーゼル III では，資本保全バッファーが導入された。
⑤ バーゼル III では，G-SIBs に対して，自己資本比率がさらに上乗せされた。

第 4 部

中央銀行の役割

伝統的な金融政策

　中央銀行は，利子率や貨幣供給量等を操作する金融政策を行うことで，物価の安定化を図っている。本章では，まず，金融政策の理念と政策目標を踏まえたうえで，伝統的な金融政策の手段について説明する。続いて，金融政策の効果について検討する。具体的には，IS-LM 分析の手法を用いて，金融政策が利子率や国民所得に与える短期的な影響を理論的に分析するとともに，貨幣量と物価との長期的な関係を説明する貨幣数量説について解説する。

10.1　金融政策の理念

　日本では，中央銀行である日本銀行が金融政策を担っている。日本銀行法第2条では，日本銀行の金融政策の理念を「通貨及び金融の調節を行うに当たっては，物価の安定を図ることを通じて国民経済の健全な発展に資することをもって，その理念とする」と定めている。日本銀行の最大の目標は，物価の安定を図ることである。物価の安定にどの程度重点を置くかは国によって異なる。例えば，アメリカの中央銀行であるFRBは，雇用最大化を物価の安定と並ぶ目標としており，日本と比べて，雇用により重点を置く傾向がある。

　金融政策に関する重要な方針については，日本銀行の政策委員会の金

融政策決定会合で多数決により決定されている。中央銀行の金融政策は，景気にも影響を与えるため，景気刺激的な金融政策の実施を期待されることがある。そこで，現行の日本銀行法では，日本銀行の独立性が確保されている。その代わり，日本銀行には，金融政策の意思決定のプロセスや政策方針を開示し，国民に対して説明責任を果たすことが求められている。具体的には，金融政策決定会合後に日本銀行の総裁による記者会見が実施されたり，議事要旨が公開されたりする等の取組みが行われている。

10.2　金融政策の目標

前節で説明したように，日本銀行の最終的な目標は，物価の安定である。ただし，日本銀行は物価水準を直接選択することはできないため，物価に影響を与える以下 2 つの変数を中間目標として，金融政策を行っている。

①　マネーストック
②　長期の利子率

●マネーストック

第 2 章で解説したように，マネーストックは現金通貨と預金通貨から構成される。

マネーストック＝現金通貨＋預金通貨

ここで，預金通貨の水準は預金者が決定することから，中央銀行が預金通貨を直接管理することはできず，マネーストックを直接管理することもできない。しかし，第 2 章で解説したように，マネーストックは，信用創造により，中央銀行が直接管理できるハイパワードマネーの貨幣乗数倍になるという関係があることから，中央銀行がマネーストックを

図 10.1　政策目標のイメージ(1)

ハイパワードマネー　→　マネーストック　→　物　価

↑
増減

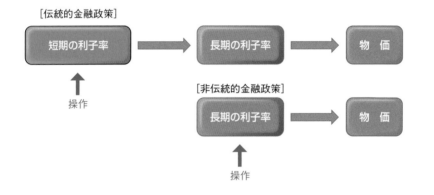

図 10.2　政策目標のイメージ(2)

［伝統的金融政策］
短期の利子率　→　長期の利子率　→　物　価

↑
操作

［非伝統的金融政策］
長期の利子率　→　物　価

↑
操作

間接的にコントロールすることはできる。このため，中央銀行は，ハイパワードマネーを増減させ，マネーストックに影響を与えることで，物価の安定化を目指すこととなる（図 10.1）。

●長期の利子率

　第 5 章で解説したように，純粋期待仮説によると，長期の利子率は現在から将来にかけての短期の利子率の平均として求められる。将来の短期の利子率が予想値であることから，伝統的な金融政策では，中央銀行が長期金利を直接操作できないとされていた。このため，各国中央銀行は短期の利子率を操作し，長期の利子率に影響を与えることで，物価の安定を目指してきた。ただし，第 11 章で解説するように，近年の非伝統的な金融政策においては，短期の利子率だけではなく，長期の利子率を直接操作する政策も実施されるようになっている（図 10.2）。

10.3　伝統的な金融政策の手段

　前節で説明したように，中央銀行は，利子率や貨幣供給量等を操作する金融政策を行うことで，物価の安定化を図っている。伝統的な金融政策の手段には以下3つがある。

① 公開市場操作
② 公定歩合政策
③ 預金準備率操作

　このうち，日本では，公開市場操作が最も重要な政策手段となっている。

●公開市場操作（オープンマーケットオペレーション）

　公開市場操作は，中央銀行が金融機関から債券（国債等）を購入したり，売却したりすることで，利子率や貨幣供給量に影響を与える政策である。中央銀行が債券を購入する場合は買いオペレーション（買いオペ），売却する場合は売りオペレーション（売りオペ）と呼ばれる。買いオペレーションが実施されると，貨幣供給量が増加して利子率が下落し，景気が刺激される。このような金融政策は，金融緩和政策と呼ばれる。一方，売りオペレーションが実施されると，貨幣供給量が減少して利子率が上昇し，景気が引き締められる。このような金融政策は，金融引締政策と呼ばれる（図 10.3）。

●公定歩合政策

　公定歩合政策とは，中央銀行が公定歩合と呼ばれる利子率を変更し，中央銀行から金融機関への貸出を増減させることで，貨幣供給量に影響を与える政策である。公定歩合を引き下げると，金融機関への貸出が増加し，貨幣供給量は増加する。一方，公定歩合を引き上げると，金融機関への貸出が減少し，貨幣供給量は減少する。

図10.3　公開市場操作のイメージ

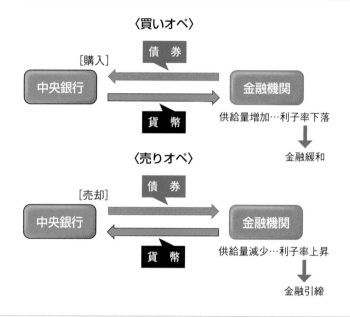

〈買いオペ〉

債　券

[購入]
中央銀行 ← 金融機関
→
貨　幣

供給量増加…利子率下落

金融緩和

〈売りオペ〉

債　券

[売却]
中央銀行 → 金融機関
←
貨　幣

供給量減少…利子率上昇

金融引締

　1994年の金利の自由化以前は，公定歩合政策が金融政策の中心的な政策手段であった。しかし，金利の自由化で金融機関同士が貸借を行うインターバンク市場が発達したことから，現在は前項で説明した公開市場操作が中心的な政策手段となっている。公定歩合という名称は，現在は「基準割引率および基準貸付利率」（表10.1）と呼ばれ，金融危機時には，中央銀行が金融機関に貸し出す際の利子率として，無担保コールレートオーバーナイト物の上限として機能している（詳細は第11章11.2節で解説する）。

●預金準備率操作

　預金準備率操作とは，法定準備率（金融機関が預かっている預金のうち，中央銀行に預けることが義務づけられた預金準備の割合）を変化させることで貨幣供給量を増減させる政策である。法定準備率を引き下げると，金融機関が貸し出す資金が増加して，貨幣供給量は増加する。一

表 10.1　基準割引率および基準貸付利率の推移（実施年月日，単位：年％）

実施年月日	
2001 年 1 月 4 日	0.5
2001 年 2 月 13 日	0.35
2001 年 3 月 1 日	0.25
2001 年 9 月 19 日	0.1
2006 年 7 月 14 日	0.4
2007 年 2 月 21 日	0.75
2008 年 10 月 31 日	0.5
2008 年 12 月 19 日	0.3

（出所）　日本銀行（2022）「基準割引率および基準貸付利率（従来「公定歩合」として掲載されていたもの）の推移公表データ一覧」
https://www.boj.or.jp/statistics/boj/other/discount/index.htm/

表 10.2　法定準備率の推移

	定期性預金（譲渡性預金を含む）			
	2 兆 5000 億円超	1 兆 2000 億円超 2 兆 5000 億円以下	5000 億円超 1 兆 2000 億円以下	500 億円超 5000 億円以下
1986 年 7 月 1 日	1.75	1.375	0.125	0.125
1986 年 12 月 1 日	1.75	1.375	0.125	0.125
1991 年 10 月 16 日	1.2	0.9	0.05	0.05

（出所）　日本銀行（2022）「準備預金制度における準備率」時系列データより一部抜粋
https://www.boj.or.jp/statistics/boj/other/reservereq/index.htm/

　方，法定準備率を引き上げると，金融機関が貸し出す資金が減少して，貨幣供給量は減少する。

　金融機関が法定準備率以上に日本銀行に資金を預けても利子収入を得られないことから，平時は，預金準備率が法定準備率と等しくなる。しかし，世界的金融危機等，貸出先や運用先を見つけにくい状況では，金

融機関が法定準備率以上に中央銀行に資金を預けており，中央銀行が法定準備率を操作しても，貨幣供給には影響を与えることが難しい。このため，預金準備率操作は，金融政策の主たる手段として用いられていない。実際，表 10.2 は，銀行・長期信用銀行・外国為替銀行・相互銀行・信用金庫を対象とした法定準備率の推移の一部を抜粋したものであるが，1991 年 10 月 16 日以来 30 年以上，預金準備率操作は行われていない。

10.4　伝統的な金融政策の効果

10.2 節で説明したように，中央銀行は，ハイパワードマネーや短期の利子率を直接操作することで，最終的な目標である物価の安定を目指している。本節では，他の多くのテキストと同様に，中央銀行がハイパワードマネーを直接操作する金融政策を実施する場合の金融政策の効果について解説する。なお，近年は，中央銀行がハイパワードマネーではなく，短期の利子率を直接操作することで物価の安定化を図るとする考え方も一般的となっている。この考え方については，第 11 章で紹介する。ただし，短期の利子率は，ハイパワードマネーからは独立ではなく，ハイパワードマネーの増減は，貨幣供給量を通じて，短期の利子率に影響を及ぼす。

●ハイパワードマネーが短期の利子率に与える影響

中央銀行がハイパワードマネーを増加させると，第 2 章で解説した信用創造によりマネーストック（貨幣供給量）が増加する。このとき，貨幣供給量が貨幣需要量を上回るため，均衡（需要と供給が等しい状態）における利子率は下落する。したがって，ハイパワードマネーが増加すると，短期の利子率は下落する。

第 2 章で解説した図 2.4 を用いて表すと，ハイパワードマネーの増加は，貨幣供給量を増加させるため，貨幣供給曲線を右にシフトさせる。その結果，均衡は点 A から点 B へと右下に移動し，均衡利子率は i^* か

図10.4　マネーストックの増加と利子率の関係

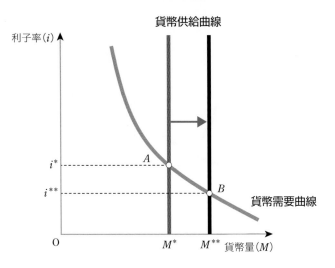

ら i^{**} に下落する（図10.4）。

● IS–LM 分析を用いた伝統的な金融政策の効果

　前項では，ハイパワードマネーの変化が貨幣供給量を通じて利子率に影響を与えることを示した。短期的には，金融政策の影響は，金融市場にとどまらず，利子率の低下を通じて財市場にも影響を与える。このような財市場と金融市場（貨幣市場）の相互作用を踏まえた分析手法は，IS–LM 分析と呼ばれ，この手法により，伝統的な金融政策が利子率や景気（国民所得）に与える影響を分析することができる（IS–LM 分析の手法についてはコラム1を参照）。

　IS–LM 分析では，縦軸に利子率，横軸に国民所得をとって，財市場を均衡させる利子率と国民所得の組合せは IS 曲線と呼ばれる右下がりの曲線として描かれる一方，貨幣市場を均衡させる利子率と国民所得の組合せは LM 曲線と呼ばれる右上がりの曲線として描かれる。金融政策により貨幣供給量が増加すると，国民所得を所与として，利子率が低下する。このため，図10.5が示すように，LM 曲線は下方向にシフト

図10.5　IS-LM 分析における金融政策の効果

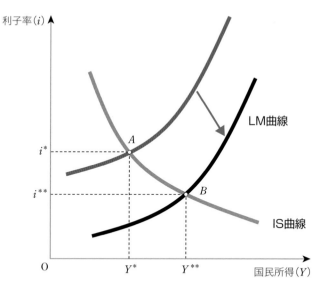

する。利子率が低下すると，財市場において投資が刺激されるため，国民所得が増加する。均衡は点 A から点 B へと右下に移動し，均衡利子率は i^* から i^{**} に下落するとともに，均衡国民所得は Y^* から Y^{**} に増加する。したがって，金融緩和政策には，利子率の下落とともに，景気を刺激する効果があるといえる。

10.5　貨幣数量説

　貨幣量と物価との長期的な関係を説明する理論として貨幣数量説がある。貨幣数量説は，第1章で説明した，貨幣需要の動機のうち，取引動機を重視する考え方である。貨幣数量説の代表的な定式化として，フィッシャーの交換方程式とケンブリッジ方程式が挙げられる。

●フィッシャーの交換方程式

　一定期間の貨幣の流通量を M，物価水準を P，実質国民所得を Y，貨幣の流通速度（貨幣が一定期間中に何回使われるか）を V とすると，貨幣数量説の考え方は，$MV=PY$ と定式化される。この式は，フィッシャーの交換方程式と呼ばれ，左辺は一定期間に貨幣でいくらの取引が行われたか，右辺は名目国民所得を表している。

　貨幣数量説では，貨幣の流通速度 V が短期的には一定であること，実質国民所得 Y が貨幣量 M とは独立に財市場で決定されることが仮定されている。これらの仮定の下では，貨幣量 M の増加は物価水準 P を同一割合で変化させるだけとなる。このため，貨幣量は物価水準のみに影響を与え，実質国民所得には影響を与えない。このような状況は，貨幣の中立性（古典派の二分法）と呼ばれる。

●ケンブリッジ方程式

　ケンブリッジ方程式は，マーシャルの k と呼ばれる短期的に一定な定数を用いて，$M=kPY$ と表される。この方程式は，貨幣が名目国民所得に比例する形で需要されることを意味する。実質国民所得を表す Y が名目貨幣量 M と独立に決定される仮定の下で，貨幣の中立性が成立する。なお，フィッシャーの交換方程式とケンブリッジ方程式との間には，$k=1/V$ が成立している。いずれの方程式においても，名目貨幣量 M の変化は物価水準 P を同一割合で変化させるだけとなる。

　IS-LM分析とは，財市場と金融市場（貨幣市場）の相互作用を考慮して，利子率および国民所得の水準を求める分析手法である。財市場の均衡（総需要＝総供給）がIS曲線，金融市場の均衡がLM曲線で表され，この2つの曲線により利子率および国民所得が同時に決定されることになる。以下では，分析の簡単化のため，海外との貿易のない経済（閉鎖経済）を考える。

財市場の均衡を表すIS曲線

　一般に，消費Cは国民所得Yの増加関数として$C=C(Y)$，投資は利子率iの減少関数として$I=I(i)$，政府支出Gは外生変数として表される。このとき，財市場における総需要Dは，消費C，投資I，政府支出Gの合計として，$D=C+I+G$と表される。一方，財市場における総供給Sは，国内総生産であり，三面等価の原則（一国全体の経済活動を生産面，分配面，支出面からみると全て等しくなるという原則）より国民所得Yそのものとなる。このとき，財市場の均衡$D=S$は以下のように表される。

$$Y = C(Y) + I(i) + G$$

IS曲線は，この式を満たす利子率iと国民所得Yの組合せを図示したものである。消費Cが国民所得Yの増加関数，投資Iが利子率iの減少関数であることから，他の条件を所与として，利子率が上昇すると，投資が減少し，国民所得が減少する。したがって，縦軸に利子率i，横軸に国民所得Yをとると，IS曲線は，右下がりの曲線として描かれる。

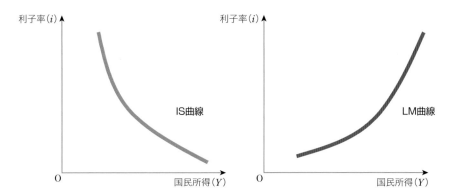

金融市場（貨幣市場）の均衡を表すLM曲線

　貨幣市場における需要は，第2章で解説したように，国民所得Yの増加関数，利子率iの減少関数として$L=L(Y, i)$と表される。一方，貨幣市場における供給は，

中央銀行が貨幣供給量 M を金融政策によりコントロールしていることから，物価 P を所与として，$\dfrac{M}{P}$ と表され，外生変数となる。このとき，貨幣市場の均衡は以下のように表される。

$$\frac{M}{P} = L(Y, i)$$

LM 曲線は，この式を満たす利子率 i と国民所得 Y の組合せを図示したものである。貨幣需要関数 L が国民所得 Y の増加関数，利子率 i の減少関数であることから，他の条件を所与として，国民所得が増加すると，利子率が下落する。したがって，縦軸に利子率 i，横軸に国民所得 Y をとると，LM 曲線は，右上がりの曲線として描かれる。

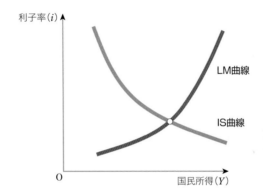

財市場と金融市場（貨幣市場）の同時均衡

　財市場と貨幣市場を同時に均衡させる利子率と国民所得の組合せは，IS 曲線と LM 曲線の交点で表される。

◆ 練習問題

問 10.1　金融政策の理念と目標に関する記述として適当でないものはどれか。
① 日本銀行の金融政策の理念は，物価の安定を図ることを通じて国民経済の健全な発展に資することである。
② 中央銀行は，マネーストックを直接管理することはできないが，信用創造により間接的にコントロールすることができる。
③ 今年の1年物短期金利が1％，来年の1年物短期金利の予想値が3％であるとき，純粋期待仮説の下での2年物長期金利は年率4％となる。
④ 近年の非伝統的な金融政策においては，短期の利子率だけではなく，長期の利子率を直接操作する政策も実施されるようになっている。

問 10.2　伝統的な金融政策に関する記述として適当でないものはどれか。
① 伝統的な金融政策手段のうち，日本では，公開市場操作が最も重要な政策手段である。
② 買いオペレーションが実施されると，貨幣供給量が増加して利子率が下落し，景気が刺激される。
③ 公定歩合という名称は，現在は「基準割引率および基準貸付利率」と呼ばれ，無担保コールレートオーバーナイト物の下限として機能している。
④ 法定準備率を引き下げると，金融機関が貸し出す資金が増加して，貨幣供給量は増加する。

問 10.3　伝統的な金融政策の効果に関する記述として適当でないものはどれか。
① 縦軸に利子率，横軸に貨幣量をとるとき，貨幣供給量の増加は，貨幣供給曲線の右へのシフトによって表される。
② 縦軸に利子率，横軸に国民所得をとるとき，金融緩和政策はLM曲線を上方向にシフトさせる。
③ IS-LM分析では，ハイパワードマネーが増加すると，均衡の利子率は下落する。
④ IS-LM分析では，ハイパワードマネーが増加すると，均衡の国民所得も増加する。

問 10.4　貨幣数量説に関する記述として適当でないものはどれか。
① 貨幣の流通速度は短期的に一定と仮定されている。
② 実質国民所得は貨幣量とは独立に財市場で決定されると仮定されている。
③ 貨幣の中立性（古典派の二分法）では，貨幣量が物価水準のみに影響を与えると考えられている。
④ 貨幣量が2倍になると，物価水準は1/2になる。

第 11 章

非伝統的な金融政策

■11.1 流動性の罠
■11.2 ロンバート型貸出制度
■11.3 テイラールール
■11.4 日本の非伝統的な金融政策
コラム1 期待インフレ率の指標

　前章では，伝統的な金融政策の手段および効果について解説した。しかし，1990年代後半以降の日本経済や2008年の世界的金融危機以降の世界経済は，伝統的な金融政策のみでは対応できない事態に度々直面してきた。本章では，伝統的な金融政策が無効となる状態について検討したうえで，日本で1990年代後半以降実施されてきた非伝統的な金融政策の変遷について説明する。

11.1　流動性の罠

　1990年代後半以降，日本では利子率（金利）が低下し，リスクのある金融資産を保有したとしても，ほとんど収益が得られない状況となっている。このような状況では，人々にとって，あえてリスクのある金融資産に投資する意味はなくなり，安全で流動性の高い貨幣が需要されるようになる。

　図11.1は，前章で解説したIS-LM分析を用いて，人々がリスクのある金融資産に投資しなくなる利子率の下限の存在を考慮した場合の金融政策の効果を示したものである。縦軸に利子率，横軸に国民所得をとり，IS曲線が右下がりの曲線であることは，前章で説明したIS-LM分析と同じである。しかし，LM曲線の形状は前章とは異なり，利子率の下限で水平となっている。これは，利子率の下限に達すると，リスクのある

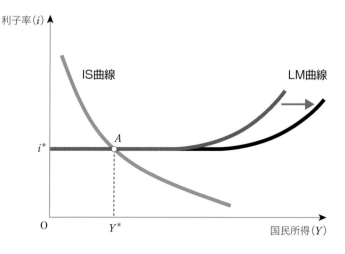

図 11.1　流動性の罠

利子率(i)

IS曲線

LM曲線

i^*　A

O　Y^*　国民所得(Y)

金融資産に投資するメリットがなくなり，貨幣以外の金融資産を保有しなくなるためである。人々が貨幣しか需要しなくなると，中央銀行がどれだけ貨幣を供給しても，供給された貨幣が全て需要されて，貨幣市場が常に均衡する（貨幣需要＝貨幣供給）。結果として，金融政策を実施しても利子率は低下せず，金融政策は無効となってしまう。このような状態は流動性の罠と呼ばれる。

　利子率の下限における流動性の罠の発生は，もともと理論上の現象と考えられていた。しかし，利子率がマイナスになると，貸し手が借り手に利子を支払うことになり，通常の貸借は行われなくなることから，1990 年代後半以降の日本では，実質ゼロを下限とする利子率の制約が度々発生していたと考えられる。

　経済が流動性の罠に陥っているときに金融政策を実施すると，利子率は低下せず，国民所得は変化しない。図 11.1 および図 11.2 が示すように，金融政策により LM 曲線が右にシフトしても，均衡における利子率と国民所得の組合せは点 A のままであり，金融政策は無効となる。

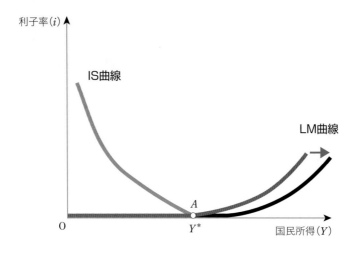

図11.2 利子率のゼロ制約下の金融政策

11.2 ロンバート型貸出制度

　前章で説明したように，伝統的には，中央銀行が公定歩合で銀行に資金を貸し出す公定歩合政策が実施されていた。しかし，インターバンク市場の発達に伴い，銀行間で資金を貸し借りできるようになったため，現在，公定歩合は用いられていない。

　ただし，金融危機が発生すると，銀行間での貸借が円滑に行われなくなり，システミックリスクにつながるおそれがある。このため，日本では，中央銀行が一定の条件を満たした金融機関に，事前に設定した担保の範囲で機動的な貸出を行う補完貸付制度（ロンバート型貸出制度と呼ばれる）が2001年から導入されている。この貸出の際に適用される利子率は，基準割引率および基準貸付利率と呼ばれる。インターバンク市場での短期の利子率（無担保コールレートオーバーナイト物）が基準割引率および基準貸付利率より高い場合，銀行にとっては，インターバンク市場ではなく，中央銀行から借りる方が望ましくなる。このため，図11.3が示しているように，理論的には，基準割引率および基準貸付利率（図中では，ロンバート型貸出金利）は，無担保コールレートオーバ

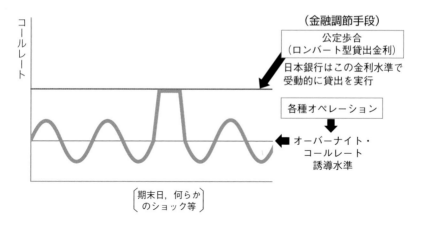

図11.3 ロンバート型貸出制度のイメージ

コールレート

（金融調節手段）

公定歩合
（ロンバート型貸出金利）

日本銀行はこの金利水準で
受動的に貸出を実行

各種オペレーション

オーバーナイト・
コールレート
誘導水準

［期末日，何らか
のショック等 ］

（出所）　日本銀行「（参考資料２）ロンバート型貸出の仕組みと効果」2001 年 2 月 9 日
https://www.boj.or.jp/announcements/release_2001/k010209d.htm/

ーナイト物（図中では，オーバーナイト・コールレート）の上限となる。
　ロンバート型貸出制度が有効に機能していれば，無担保コールレート
オーバーナイト物が基準割引率および基準貸付利率を超えることはない
はずである。しかし，2008 年からの世界的な金融危機では，無担保コー
ルレートオーバーナイト物が基準割引率および基準貸付利率を上回る現
象がたびたび観察された。この背景としては，銀行が中央銀行から資金
を借りることで，信用力が低いと市場参加者に受け取られることを避け
ていたことが考えられる。このような銀行の行動はスティグマと呼ばれ
る。

11.3　テイラールール

　中央銀行は，ハイパワードマネーや短期の利子率を直接操作すること
で，金融政策を実施している。前章および前節では，他の多くのテキス
トと同様に，中央銀行がハイパワードマネーを直接操作する場合の金融

政策の効果について解説した。しかし、近年は、中央銀行がハイパワードマネーではなく、短期の利子率を直接操作すると考えることも一般的となっている。例えば、日本では、インターバンク市場の短期の利子率である無担保コールレートオーバーナイト物を操作することで、金融政策を行っている。

特に、中央銀行が最終目標であるインフレ率や景気に応じて、短期の名目利子率を設定する金融政策の方式は、テイラールールと呼ばれる。金融政策にこのようなルールを導入することで、政策決定プロセスの透明性を高められるというメリットがある。

●テイラールール

テイラールールは、名目利子率を i、均衡における実質利子率を r^*、インフレ率を π、インフレ率の目標値を π^*、GDP を Y、潜在 GDP（資本や労働等の生産要素を全て使用した場合の GDP）を Y^* として、以下のように表される。

$$i = r^* + \pi + a(\pi - \pi^*) + b(Y - Y^*)$$

ここで、a と b は正の係数である。$\pi - \pi^*$ は目標とするインフレ率からの現実のインフレ率の乖離、$Y - Y^*$ は潜在 GDP からの GDP の乖離（GDP ギャップと呼ばれる）を表す。

テイラールールは、インフレ率の乖離や GDP ギャップに応じて、中央銀行が名目利子率を設定することを意味している。例えば、インフレ率が目標とするインフレ率を上回るときは、利子率を上昇させることになる。テイラールールの第 2 項の a が正の係数であることから、金融政策では、現実のインフレ率の変化以上に名目利子率を動かす必要があるといえる。このような考え方は、テイラー原則と呼ばれる。また、GDP が潜在 GDP を下回るときには、利子率を下落させることになる。各国中央銀行は金融政策のルールを公表してないものの、テイラールールで現実の金融政策をある程度説明できるとする研究も多く存在する。

11.4　日本の非伝統的な金融政策

　日本では，1998 年以降の多くの期間において，消費者物価指数（CPI）が継続的に 0％を下回るデフレーション（デフレ）が発生し，デフレからの脱却が金融政策の大きな課題となってきた。中央銀行は，このような状況に対応するため，以下の非伝統的な金融政策を実施してきた。

①　ゼロ金利政策（1999 年 2 月〜2000 年 8 月）
②　量的緩和政策（2001 年 3 月〜2006 年 3 月）
③　包括的金融緩和政策（2010 年 10 月〜2013 年 4 月）
④　量的・質的金融緩和政策（2013 年 4 月〜）
⑤　マイナス金利付き量的・質的金融緩和政策（2016 年 1 月〜）
⑥　長短金利操作付き量的・質的金融緩和政策（2016 年 9 月〜）

●ゼロ金利政策（1999 年 2 月〜2000 年 8 月）

　ゼロ金利政策とは，無担保コールレートオーバーナイト物を実質 0％とする政策である（表 11.1）。1999 年 2 月に，短期金利を 0％近傍に誘導することで開始された。同年 4 月に，デフレ懸念が払しょくされるまで政策を継続することを約束することで，市場の期待に働きかけるフォワードガイダンスが導入された。その後の景気回復を受けて，2000 年 8 月にゼロ金利政策は解除された。

●量的緩和政策（2001 年 3 月〜2006 年 3 月）

　ゼロ金利政策は 2000 年 8 月にいったん解除されたものの，IT バブルの崩壊で再びデフレに陥ったため，2001 年 3 月に量的緩和政策が導入された（表 11.2）。量的緩和政策では，政策目標が金利ではなく，日銀当座預金残高に変更された。同時に，生鮮食品を除いた消費者物価指数（コア CPI）の前年比上昇が安定的に 0％以上となるまで政策を継続するというフォワードガイダンスが導入された。日銀当座預金残高の目標は，当初 5 兆円に設定され，最終的に，2004 年 1 月には，30〜35 兆円

表 11.1　ゼロ金利政策の流れ

	内　容
1999 年 2 月	ゼロ金利政策の導入
1999 年 4 月	フォワードガイダンス（デフレ懸念が払しょくされるまで政策を継続することを約束）
2000 年 8 月	ゼロ金利政策の解除

表 11.2　量的緩和政策の流れ

	内　容
2001 年 3 月	量的緩和政策の導入
2003 年 10 月	フォワードガイダンス（コア CPI の前年比上昇が安定的に 0%以上となるまで政策を継続することを約束）
2004 年 1 月	日銀当座預金残高の目標が 30〜35 兆円に増額
2006 年 3 月	量的緩和政策の解除

に拡張された。この拡張に伴い，長期国債の買い入れの増額やリスク資産の買い入れが行われるようになった。

　量的緩和政策は 2006 年 3 月に解除された。しかし，2008 年からの世界金融危機により，日本の金融機関は直接的影響を受けなかったものの，世界同時不況に伴う輸出の急減に直面する等，日本経済は大きな打撃を受けた。そこで，日本銀行は，無担保コールレートオーバーナイト物を段階的に引き下げるとともに，長期国債の買い入れの増額や社債等のリスク資産を購入することで金融システムの安定化に努めるようになった。

●包括的金融緩和政策（2010 年 10 月〜2013 年 4 月）

　2008 年からの世界的金融危機を受けて，日本銀行は，2010 年 10 月に，包括的金融緩和政策を導入した（表 11.3）。この政策では，無担保コー

表 11.3　包括的金融緩和政策の流れ

	内　容
2010 年 10 月	包括的金融緩和政策の導入
2012 年 2 月	フォワードガイダンスの改定（消費者物価指数の前年比で 2%以下のプラスの領域で，「当面は 1%を目途」）
2013 年 1 月	インフレターゲット政策の導入

ルレートオーバーナイト物を 0〜0.1%とする，実質的なゼロ金利政策が再び導入された。また，中長期的な物価安定の理解（消費者物価指数の前年比で 2%以下のプラスの領域で，概ね 1%程度を中心）を展望できるまで継続するというフォワードガイダンスも実施された。加えて，金融市場でのリスクプレミアムを低下させるために，金融資産を買い入れるための基金も創設され，CP や社債にとどまらず，ETF（上場投資信託）や J-REIT（不動産投資信託）といった，多様な金融資産の買い入れが行われるようになった。

　物価安定の理解については，2012 年 2 月の追加的金融緩和の際に，消費者物価指数の前年比で 2%以下のプラスの領域で，「当面は 1%を目途」と改定された。その後，2013 年 1 月には，消費者物価指数の前年比上昇率 2%を目標とするインフレターゲット政策が導入された。

●量的・質的金融緩和政策（2013 年 4 月〜）

　2013 年 4 月には，量的・質的金融緩和政策が導入され，異次元緩和とも呼ばれる量・質ともに大規模な金融緩和政策が実施された（表11.4）。2 年程度で消費者物価指数の前年比上昇率 2％の実現を目指すことが表明される等，強力なフォワードガイダンスが実施された。2%の物価安定の目標の実現に向けて，マネタリーベースを 2 年で倍にするために，長期国債やリスク資産の買い入れが積極的に行われた。

　フォワードガイダンスには期待インフレ率を押し上げる効果，長期国

表 11.4　量的・質的金融緩和政策以降の流れ

	内　容
2013 年 4 月	量的・質的金融緩和政策の導入
2016 年 1 月	マイナス金利付き量的・質的金融緩和政策の開始
2016 年 9 月	量的・質的金融緩和政策の導入以降の金融政策に関する総括的な検証，長短金利操作付き量的・質的金融緩和政策の開始

債やリスク資産の積極的な買い入れには名目利子率を押し下げる効果がある。このため，フィッシャー方程式（実質利子率＝名目利子率－期待インフレ率）から，量的・質的金融緩和政策には実質利子率を押し下げる効果があったといえる。

●マイナス金利付き量的・質的金融緩和政策
（2016 年 2 月〜）

　日本経済はデフレ状態ではなくなったものの，原油価格の下落，消費税増税後の需要の低迷，海外経済の減速に加えて，人々の期待形成にタイムラグがあり（適応的期待形成と呼ばれる），期待インフレ率がなかなか上昇しなかったこと等により，2 年間で 2%のインフレ率を実現することはできなかった。

　そこで，2016 年 1 月には，マイナス金利付き量的・質的金融緩和政策が導入され，金融機関が保有する日銀当座預金残高の一部に －0.1%のマイナス金利が適用されるとともに，長期国債の大規模な買い入れも実施された。その結果，短期の金利がマイナスとなるだけではなく，図 11.4 が示すように，長期の金利もマイナスとなった。マイナス金利政策の導入によって，金利のゼロ制約の問題を回避することが可能となった。しかし，長期の金利が急落したことで，銀行融資の利鞘が大幅に縮小するとともに，投資家の運用利回りも低下し，金融市場への悪影響が

図 11.4　10 年物国債の金利の推移

（出所）　財務省「国債金利情報」より作成
　　　　https://www.mof.go.jp/jgbs/reference/interest_rate/index.htm

懸念されるようになった。

●長短金利操作付き量的・質的金融緩和政策 （2016 年 9 月〜）

　日本銀行は，2016 年 9 月に，量的・質的金融緩和政策の導入以降の金融政策に関する総括的な検証を行ったうえで，長短金利操作付き量的・質的金融緩和政策を開始した。長短金利操作付き量的・質的金融緩和政策では，−0.1％のマイナス金利を維持しつつ，長期国債の売買により長期金利を 0％に誘導するイールドカーブコントロールと呼ばれる政策が導入された。また，消費者物価指数の前年比上昇率が安定的に 2％を超えるまでマネタリーベースの拡大を継続する，オーバーシュート型コミットメントと呼ばれるフォワードガイダンスも行われた。2021年 3 月には，「より効果的で持続的な金融緩和を実施していくための点検」が行われ，貸出促進付利制度が創設される等，機動的な政策運営に向けた対応が行われることとなった。

　期待インフレ率は，物価の動向に影響を与える重要な要因である。しかし，人々の予想であるため，直接測定することは困難である。そこで，期待インフレ率の代替的な指標として，ブレーク・イーブン・インフレ率（BEI）が用いられている。

　ブレーク・イーブン・インフレ率（BEI）は以下のように計算される。

> BEI＝固定利付国債の金利－物価連動国債の金利

ここで，固定利付国債の金利は名目利子率，物価連動国債の金利率は実質利子率に対応している。一方，第3章で説明したように，フィッシャー方程式は以下の式で表されている。

> 実質利子率＝名目利子率－期待インフレ率

この式から，BEIが期待インフレ率に対応しているといえる。図は，現実のBEIの推移を表しており，2020年前半までは低下傾向にあったが，その後やや上昇傾向にあることが読み取れる。

ブレーク・イーブン・インフレ率（BEI）の推移

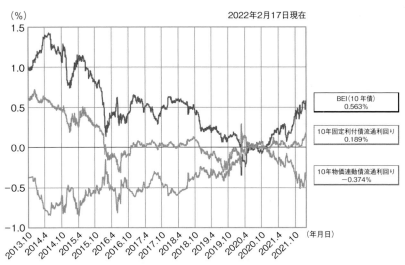

（出所）財務省「物価連動国債　ブレーク・イーブン・インフレ率の推移」
　　　　https://www.mof.go.jp/jgbs/topics/bond/10year_inflation-indexed/bei.pdf

問 11.1　流動性の罠に関する記述として適当でないものはどれか。

①　利子率が低下すると，流動性が高く，安全資産である貨幣に対する需要が増加する。

②　縦軸に利子率，横軸に国民所得をとるとき，流動性の罠における LM 曲線は垂直となる。

③　利子率が下限に達すると，供給された貨幣が全て需要されて，貨幣市場が常に均衡することになる。

④　経済が流動性の罠に陥っているとき，金融政策は無効となる。

問 11.2　ロンバート型貸出制度に関する記述として適当でないものはどれか。

①　現在の日本の金融政策では，公定歩合は用いられていない。

②　ロンバート型貸出制度は，日本では 2001 年に導入された。

③　理論的には，基準割引率および基準貸付利率が無担保コールレートオーバーナイト物の上限となる。

④　信用力の高い銀行がより低い金利で資金を調達できることはスティグマと呼ばれる。

問 11.3　テイラールールに関する記述として適当でないものはどれか。

①　テイラールールの下では，インフレ率が目標インフレ率を上回るとき，利子率を下落させることになる。

②　テイラールールの下では，GDP が潜在 GDP を上回るとき，利子率を上昇させることになる。

③　中央銀行は最終目標であるインフレ率に応じて，短期金利の目標値を決めている。

④　金融政策では，現実のインフレ率の変化以上に名目利子率を動かす必要があるという考え方は，テイラー原則と呼ばれる。

問 11.4　非伝統的な金融政策で用いられた手法として適当なものはどれか。

①　政策の継続期間を約束するフォワードガイダンスが導入された。

②　無担保コールレートオーバーナイト物を 0 とする政策が行われた。

③　消費者物価指数の前年比上昇率 2% を目標とするインフレターゲット政策が導入された。

④　日銀当座預金残高の一部にマイナス金利が適用された。

インフレ率と失業率

　第 10 章で説明したように，中央銀行の最終的な目標は，物価の安定である。物価が継続的に上昇する状態はインフレーション（インフレ），継続的に下落する状態はデフレーション（デフレ）と呼ばれる。本章では，まず，物価変動の原因とコストについて整理する。そのうえで，インフレ率と失業率（実体経済）の関係について説明し，経済政策の有効性について考察する。

12.1　インフレーションとデフレーション

　物価が継続的に上昇する状態はインフレーション（インフレ），継続的に下落する状態はデフレーション（デフレ）と呼ばれる。物価の代表的な指標として，消費者が購入する財・サービスを対象とした消費者物価指数（CPI）がある。物価上昇率はインフレ率と呼ばれる。図 12.1 は，2007 年から 2022 年までの日本の消費者物価指数（CPI）に関するインフレ率の推移を示したものである。0％を継続的に下回っている状態がデフレである。リーマンショック後の 2009 年から，日本がデフレに陥っていたことがわかる。

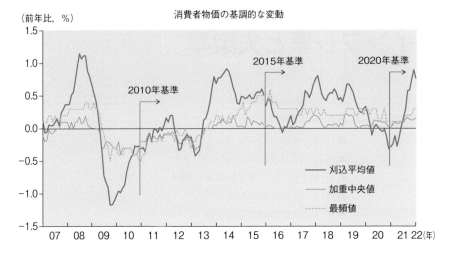

図 12.1　日本のインフレ率

消費者物価の基調的な変動

（前年比，％）

凡例：
- 刈込平均値
- 加重中央値
- 最頻値

（注）　1.　消費者物価指数は，消費税率引き上げ・教育無償化政策，Go To トラベルの影響を除く（2020/4 月以降は，高等教育無償化等の影響も除いた日本銀行調査統計局の試算値）。
　　　　2.　刈込平均値は，品目別価格変動分布の両端の一定割合（上下各 10％）を機械的に控除した値。加重中央値は，価格上昇率の高い順にウエイトを累積して 50％近傍にある値。最頻値は，品目別価格変動分布において最も頻度の高い価格変化率。
（出所）　日本銀行「基調的なインフレ率を捕捉するための指標」
　　　　　https://www.boj.or.jp/research/research_data/index.htm/

12.2　インフレーションの原因

　　物価変動の原因は，インフレとデフレで対称的であるため，本節では主としてインフレについて説明する。インフレの原因は大きく以下 3 つに分けられる。

① 　需要の増加
② 　コストの上昇
③ 　期待インフレ率の上昇

●需要の増加

　需要の増加によるインフレーションは，ディマンドプルインフレと呼ばれる。財市場において総需要が総供給を上回ると，インフレが発生する。総需要増加の背景には，景気拡大に伴う消費等の増加や経済成長率を上回る貨幣量の増加がある。

●コストの上昇

　コストの上昇によるインフレーションは，コストプッシュインフレと呼ばれる。コスト上昇の背景には，賃金の上昇や原油価格等，原材料価格の高騰がある。コストプッシュインフレの場合には，コスト上昇が企業業績を悪化させ，不況に陥りやすくなる。不況とインフレが同時に発生する状況は，スタグフレーション（stagnation 不況＋inflation インフレ）と呼ばれる。

●期待インフレ率の上昇

　期待インフレ率が高まると，将来の物価上昇を予想した人々や企業が財を需要するため，実際にインフレ率が高まる。また，将来の物価上昇を予想した労働者が賃金の引き上げを求めることもインフレ率を高めることになる。

　デフレの原因はインフレと対称的で，需要の減少，コストの下落，期待インフレ率の下落に分けられる。なお，パソコンのように，性能の向上によって価格が下落する場合，生産量の拡大と物価の下落が同時に発生する可能性がある。しかし，一般的に，デフレは，不況を伴う継続的な物価の下落を問題とすることが多い。

12.3　インフレーションのコスト

　インフレが進行すると，貨幣の価値が目減りするため，貨幣保有者は損失を被る。一方，貨幣は政府あるいは中央銀行にとっては負債であり，

政府あるいは中央銀行はインフレによってシニョレッジ（通貨発行益）と呼ばれる利益を得る。インフレによって，貨幣保有者から政府あるいは中央銀行に所得移転が発生するため，貨幣保有者がインフレによって被る損失は，インフレ税と呼ばれる。

インフレのコストは，事前に予想された場合と予想されない場合で異なる。

●予想されたインフレのコスト

予想されたインフレのコストには，靴のコストとメニューコストがある。

靴のコストとは，預金の引き出しに伴うコスト（時間，手数料等）のことである。インフレ下で手元にお金を置いておくと，実質的な価値が目減りするため，人々は銀行にお金を預ける。インフレ率が高まると，頻繁に預金を引き出す必要があるため，靴のコストは増加する。

また，メニューコストとは，メニュー価格を改定することでかかるコストのことである。インフレ率が高まると，頻繁にメニュー価格を改定するため，メニューコストは増加する。

デフレの場合，靴のコストについては，インフレの場合と対称的で，デフレが進行すると，靴のコストは減少する。一方，メニューコストについては，インフレの場合と同様，デフレが進行すると，メニューコストは増加する。また，デフレ下では，企業利益の減少や実質的な負債の返済負担の増大によって，失業や不良債権が増加し，経済が低迷する。不況下では需要の低迷により物価が下落することから，デフレ→不況→デフレ…という悪循環（デフレスパイラルと呼ばれる）に陥る可能性もある。

●予想されないインフレのコスト

予想されないインフレは契約に反映できないため，事後的に労働者の受け取る賃金や貸し手の受け取る利子の実質的な価値は，事前の想定よりも低くなる。このため，インフレ下では，賃金を受け取る労働者やお

金の貸し手が損をする。予想されないデフレの場合には，インフレとは対称的であり，賃金を支払う企業やお金の借り手が損をすることになる。このような予期せぬ物価変動に伴う問題を解決する方法として，契約を物価に連動させる物価スライド制がある。

12.4　インフレ率と失業率の関係

　インフレ率と失業率との間には，負の相関関係がある。すなわち，インフレ率が高いときには失業率が低く，インフレ率が低いときには失業率が高いという関係がある。もともと縦軸に名目賃金の上昇率，横軸に失業率をとると，両者の間に負の相関関係が存在することが知られており，この関係を表す曲線はフィリップス曲線と呼ばれる。インフレ率と名目賃金の上昇率との間には，正の相関関係が存在するため，フィリップス曲線における名目賃金の上昇率をインフレ率に置き換えた曲線は，フィリップス曲線と同様に右下がりの曲線となる。この曲線は，（物価版）フィリップス曲線と呼ばれる（図12.2）。以下では，この曲線を単にフィリップス曲線と呼ぶことにする。

　政府にとっては，インフレ率と失業率の両方を低くすることが望ましい。しかし，フィリップス曲線が示すように，インフレ率を低くしようとすると失業率が高くなり，失業率を低くしようとするとインフレ率が高くなるという，トレードオフの関係がある。このため，政府が経済政策を実施する際には，インフレ率と失業率のトレードオフに直面する。

12.5　自然失業率仮説

　インフレ率と失業率のトレードオフの関係（右下がりのフィリップス曲線）は，1960年代までは安定的であったが，1970年代になると，インフレ率と失業率の相関がなくなり，垂直なフィリップス曲線が観察さ

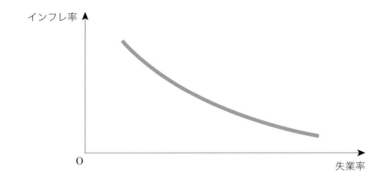

図 12.2 （物価版）フィリップス曲線

インフレ率

O

失業率

れるようになった。このようなフィリップス曲線の形状の変化を説明する考え方として，自然失業率仮説が提唱された。

●自然失業率仮説の考え方

自然失業率とは，労働需要と労働供給が等しい状態で存在する失業（現行の賃金で働く意思のない自発的失業や転職に伴う一時的な失業）の割合のことで，経済に攪乱要因がなければ，一定の水準となる。自然失業率仮説とは，失業率は通常，自然失業率の水準となるが，金融緩和政策によりインフレになると，「貨幣錯覚」が発生し，失業率が自然失業率よりも低い水準になるため，一時的に，右下がりのフィリップス曲線が出現するという考え方である。

●貨幣錯覚

貨幣錯覚とは，金融緩和政策によるインフレに伴い，労働者の賃金や企業の利潤が上昇するとき，物価についての情報をすぐに得られない労働者や企業が自らの生産性向上によって賃金や利潤が上昇したと勘違いすることをいう。

インフレが金融政策によるものであることを労働者や企業が仮に知っているとすると，実質賃金や実質の利潤はそもそも不変であるため，労

働者や企業は行動を変えず，その結果，失業率も元の水準のままとなる。しかし，貨幣錯覚が存在すると，労働者は自分の実質賃金が上昇したと勘違いして労働供給を増やし，企業は自社の実質の利潤が上昇したと勘違いして雇用を増やすため，失業率は低下する。すなわち，インフレ下で失業率が低下するというトレードオフの関係が成立するといえる。

　労働者や企業はしばらくすると，物価の動向を把握するようになり，貨幣錯覚はいずれ解消される。その結果，労働者も企業も元の経済活動に戻るため，失業率も元の水準に戻ることとなる。したがって，インフレ率と失業率のトレードオフの関係は短期にのみ成立し，長期には，インフレ率と失業率の相関がなくなり，フィリップス曲線が垂直になるといえる。ここで，短期的に成立するフィリップス曲線は短期フィリップス曲線，長期的に成立するフィリップス曲線は長期フィリップス曲線と呼ばれる。

●短期から長期への移行過程

　自然失業率仮説によると，フィリップス曲線は，貨幣錯覚の存在している短期には右下がり，貨幣錯覚が解消する長期には垂直となる。ここでは，図 12.3 を用いて，右下がりの短期的なフィリップス曲線が長期的に垂直となるまでの過程を説明する。簡単化のために，短期フィリップス曲線は右下がりの直線として描かれるとする（詳細は福田（2020）を参照）。

　当初，インフレ率が 0％，失業率が自然失業率の水準にあったとする。このときのフィリップス曲線は点 A を通る右下がりの直線として描かれる。金融緩和政策が実施されると，インフレ率が π に上昇するとともに，貨幣錯覚により失業率が低下するため，フィリップス曲線に沿って左上の点 B に移動する。このとき，人々の期待インフレ率は 0％から π に上昇し，それまでのフィリップス曲線が右上にシフトする。貨幣錯覚が解消されると，失業率は自然失業率の水準に戻り，点 C が新たな均衡となる。したがって，貨幣錯覚が解消される長期には，失業率は常に自然失業率の水準となり，インフレ率は金融緩和政策の度合いによっ

図12.3 短期から長期への移行過程

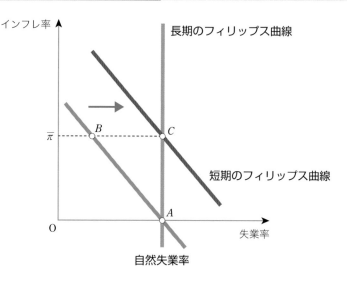

インフレ率

長期のフィリップス曲線

$\bar{\pi}$ B C

短期のフィリップス曲線

A

O   失業率

自然失業率

て決定されるため，長期のフィリップス曲線は，垂直な直線として描か
れることになる。

　以上の分析から，失業率を自然失業率よりも下げたい場合に，貨幣錯
覚を生み出すために金融政策を行うと，結果として，大幅な物価上昇に
つながってしまうおそれがあるといえる。この自然失業率仮説の考え方
は，1970年代にフィリップス曲線が垂直になった理由の背景に金融緩
和政策があるとする批判の論拠となった。

12.6　合理的期待形成仮説

　前項で説明した貨幣錯覚に対しては，人々は合理的に期待形成を行っ
ているという批判があり，フィリップス曲線が短期的にも成立しないと
する合理的期待形成仮説が提唱された。

●合理的期待形成仮説の考え方

　合理的期待形成とは，企業や家計が政府の意思決定構造を完全に知っており，マクロ経済の構造について利用可能なあらゆる情報を最大限用いて予想するというものである。合理的期待形成を行う場合には，貨幣錯覚は発生しないため，失業率は常に自然失業率の水準となり，フィリップス曲線は垂直となる。合理的期待形成の考え方に基づくと，自然失業率仮説には「動学的不整合性」の問題が存在している。

●動学的不整合性（タイムインコンシステンシー）

　動学的不整合性（タイムインコンシステンシー）とは，人々が合理的期待形成を行うときに，事前の段階では最適な政策が，事後的には最適ではなくなることをいう。合理的期待形成仮説に当てはめると，インフレ率と失業率のトレードオフ（自然失業率仮説における短期のフィリップス曲線）の発生は，動学的不整合性が発生している状態であることを意味する。

　政府および中央銀行にとっては失業率もインフレ率も低い方が望ましいため，家計や企業の期待インフレ率を所与として，失業率を一時的に低下させることのできる金融緩和政策を実施する。人々は，合理的期待形成の下で，この金融緩和政策を予想するため，期待インフレ率を上方修正する。政府および中央銀行は，家計や企業による期待インフレ率の上方修正を所与として，さらなる金融緩和政策を実施する。期待インフレ率の上方修正は，失業率が自然失業率の水準と等しくなるまで続く。このため，均衡では，失業率は自然失業率の水準，インフレ率は当初の水準より極めて高い水準となる。政府および中央銀行にとっては，失業率もインフレ率も低い状態を望んでいたにもかかわらず，結果的に，失業率は低下せず，インフレ率の上昇のみをもたらすことになることから，動学的不整合性の問題が発生しているといえる。

12.7　インフレターゲット政策

　中央銀行の最大の目標は物価の安定であるが，前項で示したように，失業率（景気）も考慮した政策を行うと，結果的にインフレ率が高止まりしてしまうおそれがある。中央銀行が物価の安定に専念するための効果的な手段として，インフレターゲット政策がある。

●インフレターゲット政策

　インフレターゲット政策とは，中央銀行がインフレに関する数値目標を定めて金融政策を行うことである。中央銀行が政策に関してコミットメント（公約）を行うことで，予期しない金融政策の実施を防止することができ，動学的非効率性の問題を抑制することが可能となる。

　日本では，2013年1月に，消費者物価指数の前年比上昇率2%を目標とするインフレターゲット政策が導入された。日本銀行では，金融政策の信憑性を高めるために，インフレターゲット政策のほか，ホームページで「経済・物価情勢の展望（展望レポート）」により物価の見通しを公表したり，金融政策決定会合後に日本銀行の総裁による記者会見を実施したりする等，金融政策の透明性や説明責任を高める仕組みを整備している。

コラム1　ハイパーインフレーション

　ハイパーインフレーション（ハイパーインフレ）とは，物価水準が一定期間に急激に上昇する現象を指す。ハイパーインフレの基準としては，インフレ率が月間50%を超える場合とするものや，3年間での累積のインフレ率が100%を超える場合とするものがある。歴史的に，敗戦や政情不安等により，政府が十分に租税を徴収できず，財源を通貨発行益（シニョレッジ）に頼らざるを得ない状況において，政府がハイパワードマネーを増発することによってハイパーインフレが発生してきた。

　ハイパーインフレの最近の事例としては，ベネズエラが挙げられる。ベネズエラでは，原油生産量の減少に伴う税収不足を受けて，貨幣供給量を急速に拡大したことでハイパーインフレが発生した。2019年1月には268万%のインフレ率（月次，年率）を記録したが，その後インフレ率は大幅に低下した。このインフレ率低下の背景には，

中央銀行が貨幣供給量を減少させたことや，経済危機で経済活動が縮小して需要が減少したことがある。2021年10月には，貨幣価値を100万分の1にするデノミ（通貨単位の切り下げ）も実施された。それでも図が示すように，ハイパーインフレは収まらず，2022年4月時点でのIMF推計による2021年のインフレ率（年平均，年率）は1589%となった。

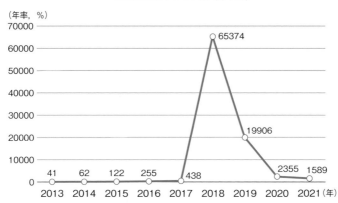

ベネズエラのインフレ率（年平均）

（出所）　INTERNATIONAL MONETARY FUND "World Economic Outlook database：April 2022"

◆ 練習問題

問12.1　インフレーションの原因に関する記述として適当でないものはどれか。
① 財市場において総需要が総供給を上回ると，ディマンドプルインフレが発生する。
② 原油価格等原材料価格が高騰すると，コストプッシュインフレが発生する。
③ 不況とインフレが同時に発生する状況は，ハイパーインフレーションと呼ばれる。
④ 人々が将来の物価上昇を予想すると，実際にインフレが発生する。

問12.2　予想されないインフレーション特有のコストに関する記述として適当なものはどれか。
① メニューコストが増加する。
② 靴のコストが増加する。
③ 企業が事後的に支払う実質的な賃金が増加する。
④ お金の貸し手が事後的に受け取る実質的な利子が減少する。

問 12.3　デフレが進行すると重くなるコストとして適当でないものはどれか。
① メニューコスト
② 靴のコスト
③ 企業が支払う実質的な賃金
④ お金の借り手が支払う実質的な利子

問 12.4　自然失業率仮説に関する説明として適当でないものはどれか。
① （物価版）フィリップス曲線は，失業率とインフレ率との間の負の相関関係を表す曲線である。
② 縦軸にインフレ率，横軸に失業率をとるとき，フィリップス曲線は，短期的には右下がりの曲線，長期的には垂直となる。
③ 貨幣錯覚が発生すると，労働者は自分の実質賃金が下落したと勘違いをして，労働力を供給するため，失業率が低下する。
④ 政府および中央銀行が失業率を自然失業率よりも下げようとして金融緩和政策を行うと，結果として，大幅な物価上昇につながってしまうおそれがある。

問 12.5　合理的期待形成仮説に関する説明として適当でないものはどれか。
① 合理的期待形成とは，企業や家計は政府の意思決定構造を完全に知っており，マクロ経済の構造について利用可能なあらゆる情報を最大限用いて予想することを意味する。
② 合理的期待形成仮説では，フィリップス曲線は右下がりとなる。
③ 人々が合理的に期待を形成するとき，政策の実施前には最適な政策が，実際に政策を行うときには最適ではなくなることは，動学的非整合性（タイムコンシステンシー）と呼ばれる。
④ 政府および中央銀行が失業率もインフレ率も低い状態を望んでいたにもかかわらず，結果的に，失業率は低下せず，インフレ率の上昇のみをもたらすことになる。

第 **5** 部

国際金融入門

- ■13.1　為替レートをめぐる概念
- ■13.2　変動相場制と固定相場制
- ■13.3　為替レートの決まり方
- ■13.4　為替レートが経済に及ぼす影響

コラム1　日本の為替相場制度の変遷

　外国為替取引では，通貨の異なる国同士で取引を行うことが一般的である。第3章では，外国為替市場において，円やドルなどの様々な通貨が各国通貨の交換比率である為替レートで交換されていることを説明した。本章では，まず為替レートをめぐる概念および為替相場制度について解説する。そのうえで，為替レートがどのように決定されるのか，そして為替レートの変動が経済にどのような影響を及ぼすのかについて説明する。

13.1　為替レートをめぐる概念

　為替レートとは，ある通貨と別の通貨との間の交換比率を指す。例えば，1ドル＝100円の場合には，1ドルを100円と交換できることを意味する。為替レートが1ドル＝100円から1ドル＝110円に上昇する場合，1円の価値が下落しているため円安，1ドルの価値が上昇しているため，ドル高と呼ばれる。

●名目為替レートと実質為替レート

　ニュースなどで一般に目にする1ドル＝100円のように，名目値で表される為替レートは名目為替レートと呼ばれる。それに対して，名目値から物価の影響を取り除いた実質値で表される為替レートは実質為替レ

図 13.1 実質為替レートのイメージ

日本円　　　　　　　　　　　　アメリカドル

コーヒー　　1杯＝300円　　　　　　1杯＝150円

実質為替レート＝0.5

ートと呼ばれる。

　名目為替レートを１ドル＝E円，日本の物価をP円，アメリカの物価をP^*ドルとするとき，実質為替レート ε（イプシロン）は以下のように計算される。

$$\varepsilon = \frac{EP^*}{P}$$

　ここで，分子は海外の財・サービスの円建て価格を表しているため，それを日本の物価で割った実質為替レートは，円でどれくらいの財サービスを購入できるかという，通貨の購買力を表している。例えば，１ドル＝100円で，コーヒー１杯が日本で300円，アメリカで1.5ドルとする。このとき，アメリカのコーヒー１杯は150円で購入することができ，日本では300円かかるため，実質為替レート ε は $\frac{150}{300}$＝0.5と表される。

●実効為替レート

　前項で説明した名目為替レートや実質為替レートは，ある通貨と別の通貨との間の交換比率である。それに対して，ある通貨と他の複数通貨との間の交換比率は，実効為替レートと呼ばれる。実効為替レートを計算する際には，各通貨に対する名目為替レートを１円＝〇〇ドル，１円＝〇〇ユーロといった外貨建てで表したうえで，各通貨の貿易額（輸出

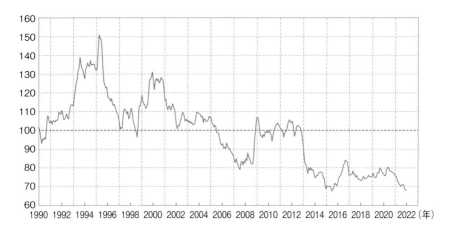

図 13.2　日本の実質実効為替レート（2010 年＝100）

（出所）　日本銀行「時系列統計データ検索サイト　為替」
https://www.stat-search.boj.or.jp/index.html#

額＋輸入額）でウェイト付けした平均値として計算する。実効為替レートは，ある基準年を 100 とする指数として表される。図 13.2 は 2010 年を基準年とした，日本の実質実効為替レートの推移を示したものである。このグラフからは，長期的にみると，日本円が相対的に円安方向に推移していることがわかる。

●スポットレートとフォワードレート

　為替レートは，そのレートが適用される時点の違いにより，スポットレート（直物相場）とフォワードレート（先物相場）に分類される。スポットレートとは，取引する通貨の受け渡しが現時点（厳密には，取引した日の 2 営業日後）である取引に対して適用される為替レートである。それに対して，フォワードレートとは，取引する通貨の受け渡しが将来時点（厳密には，取引した日の 2 営業日以降）である取引に対して適用される為替レートである。

　スポットレートとフォワードレートとの間には，カバー付き金利平価と呼ばれる関係がある。この関係は，国内で資産を運用した場合と，同

図13.3 カバー付き金利裁定のイメージ

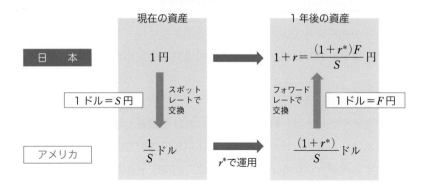

額の資産を海外で運用した場合，両者の間に裁定（安く買って高く売ること）が働き，収益率が等しくなるというものである。

スポットレートを1ドル＝S円，フォワードレートを1ドル＝F円，円金利をr，ドル金利をr^*とするとき，国内で資産を運用した場合の収益率は$1+r$となる。また，海外で運用する場合，図13.3が示すように，スポットレートで交換した$\frac{1}{S}$ドルをドル金利r^*で運用し，それをフォワードレートで円に戻すことになるため，海外で運用する場合の収益率は，$\frac{(1+r^*)F}{S}$となる。したがって，スポットレートとフォワードレートとの間には以下の関係が成立する。

$$1 + r = \frac{(1 + r^*)F}{S}$$

この式は，カバー付き金利平価と呼ばれる。

なお，フォワードレートではなく，将来時点のスポットレートの予想値を用いる場合には，カバーなし金利裁定と呼ばれる。

13.2　変動相場制と固定相場制

　自国通貨を外国の通貨と交換する際の為替レートを決める仕組みは為替相場制度と呼ばれ，大きく変動相場制と固定相場制に分類される。

●変動相場制

　変動相場制とは，外国為替市場における需要と供給が等しくなるように為替レートの水準が決定される仕組みのことである。例えば，ドルに対する需要が供給を上回る場合には，円安・ドル高となる。また，円に対する需要が供給を上回る場合には，円高・ドル安となる。

●固定相場制

　固定相場制とは，政府および中央銀行が通貨を売買する介入を行うことにより，為替レートの水準を，平価と呼ばれる一定の水準で固定する仕組みのことである。例えば，ドルに対する需要が供給を上回る場合には，円安・ドル高方向の圧力がかかるため，政府および中央銀行は，平価の水準を維持するために，円を購入し，ドルを売却するという，市場の需給と反対方向の介入を行う。また，円に対する需要が供給を上回る場合には，円高・ドル安方向の圧力がかかるため，政府および中央銀行は，円を売却し，ドルを購入するという介入を行うことで，平価の水準を維持することになる。

　日本を含む多くの国が変動相場制を導入している。ただし，変動相場制を採用している国々においても，為替レートの乱高下を防止するために，外国為替市場に介入することがある。また，世界的な金融危機が発生する等，国際金融市場が不安定化する場合には，国際的な協調介入が行われることもある。

13.3　為替レートの決まり方

　前項で説明したように，為替レートの水準は外国為替市場における需給によって決まるが，需給に影響を与える要因としては，以下が挙げられる。

①　貿易
②　金融資産の収益率
③　通貨の購買力

●貿　易

　輸出や輸入といった国境を超える財・サービスの取引は，外国為替市場での通貨に対する需給に影響を与える。

　例えば，日本企業がアメリカに輸出する場合，日本企業はドルで財・サービスを販売し，受け取ったドルを円に交換する。このとき，外国為替市場では，ドルが売られて円が買われるため，輸出の増加は円高要因になる。

　また，日本企業がアメリカから財・サービスを輸入する場合，日本企業は円をドルに交換したうえで，アメリカの財・サービスをドルで購入する。このとき，外国為替市場では，円が売られてドルが買われるため，輸入の増加は円安要因になる。

　伝統的には，貿易に伴う需給の変化が為替レートに影響を与える大きな要因であったが，近年は，次項で解説する金融要因の影響が強くなっている。

●金融資産の収益率

　投資家にとっては，金融資産のリスクを所与とすると，収益率の高い金融資産を購入することが望ましい。このため，例えば，アメリカの金融資産の収益率が日本の金融資産の収益率よりも高い場合には，投資家はアメリカの金融資産を購入する。このとき，外国為替市場では，円が

売られてドルが買われるため，アメリカの金融資産の収益率の上昇は円安要因となる。

　金融資産の収益率に影響を及ぼす要因として金融政策がある。例えば，日本で金融緩和政策が実施される場合には，日本の金融資産の収益率が相対的に下落する。このため，日本の金融緩和政策は円安要因となる。また，アメリカの金融引締政策はアメリカの金融資産の収益率を相対的に上昇させる。このため，アメリカの金融引締政策も円安要因となる。

　以上のように，為替レートの水準を金融資産の収益率の観点から説明する考え方は，アセットアプローチと呼ばれる。

●通貨の購買力

　国際的に取引されている同じ財・サービスであれば，また輸送費などがかからなければ，日本で購入しても，海外で購入しても同じ価格となる（一物一価の法則が成立する）。このため，名目為替レートを1ドル＝E円，日本の物価をP円，アメリカの物価をP^*ドルとすると，以下の関係が成立する。

$$P = EP^*$$

右辺はアメリカで購入した場合の金額を表す。もし$P > EP^*$ならば，アメリカで購入して日本で売却する裁定取引（安く買って高く売ることで，差額を稼ぐこと）を行うことで利益を上げられる。また，$P < EP^*$ならば，日本で購入してアメリカで売却することで利益を上げられる。裁定取引によって利益は縮小し，最終的には，$P = EP^*$に落ち着くことになる。

　この式を書き直すと，名目為替レートは以下のように表される。

$$E = \frac{P^*}{P}$$

この式は購買力平価式，この式を満たす名目為替レートは購買力平価と呼ばれる。円の購買力は$\frac{1}{P}$，ドルの購買力は$\frac{1}{P^*}$である。このため，名目為替レートは，通貨間の購買力を均等化させるように決定されているといえる。

図 13.4　購買力平価の推移

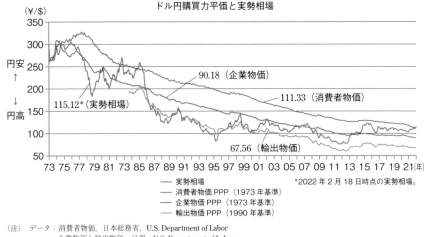

ドル円購買力平価と実勢相場

（注）　データ：消費者物価，日本総務省，U.S. Department of Labor
企業物価と輸出物価，日銀，U.S. Department of Labor
ドル円相場，日銀
消費者物価 PPP，企業物価 PPP は 1973 年基準。
輸出物価 PPP については，米国の現在の輸出物価指数が 1973 年まで連続して遡及できないようになったため，以前に遡及できた際に PPP と実勢相場との乖離が比較的小さかった 1990 年を基準年として算出した。
（出所）　国際通貨研究所「主要通貨購買力平価［ドル円］」
https://www.iima.or.jp/ppp.html

　以上のように，為替レートの水準を両通貨の購買力の観点から説明する考え方は，購買力平価説と呼ばれる。前項で説明したように，実質為替レートは $\varepsilon = \dfrac{EP^*}{P}$ と表されることから，購買力平価説の下では，実質為替レートは 1 となる。購買力平価説は長期的には成立すると考えられているが，以下の要因が前提とされているため，現実の為替レートは購買力平価から乖離している。

① 　輸送費等の取引費用が存在しない

② 　非貿易財が存在しない

③ 　完全競争（個々の売り手・買い手には市場の価格を変える力がない）

　図 13.4 は，ドル円の購買力平価の推移を示したものである。このグラフからは，長期的にみると，日本円がドルに対して円高方向に推移し

ていることがわかる。

13.4　為替レートが経済に及ぼす影響

　為替レートが経済に及ぼす影響は，輸出企業，輸入企業，家計，投資家といった経済主体のタイプによって異なる。以下では，円高，円安が様々な経済主体に及ぼす影響について説明する。円高の数値例として，1ドル＝100円が1ドル＝80円に下落するケース，円安の数値例として1ドル＝100円が1ドル＝120円に上昇するケースを考える。

●円高の影響

　日本の輸出企業が海外に1万ドル分輸出するとき，1ドル＝100円の下では100万円の売上となるが，1ドル＝80円の下では80万円となり，売上が減少する。また，ドル建ての価格を値上げする場合には価格競争力が低下する。このため，円高は輸出企業にマイナスの影響を与える。

　一方，日本の輸入企業が海外から1万ドル分輸入するとき，1ドル＝100円の下では100万円の支出となるが，1ドル＝80円の下では80万円となる。またドル建ての価格を値下げする場合には価格競争力は上昇する。このため，円高は輸入企業にプラスの影響を与える。

　消費者にとっては，海外の財・サービスが安くなるとともに，国内での価格競争により，国産の財・サービスも安く購入できるようになるため，価格の観点からは，円高は消費者にプラスの影響を与える。ただし，消費は可処分所得に依存するため，景気の影響も受けることになる。

　また，円建ての金融資産への需要が高まり，国内債券や国内株式の価格が上昇する一方，外貨建ての金融資産の価値は目減りすることになる。

●円安の影響

　日本の輸出企業が海外に1万ドル分輸出するとき，1ドル＝100円の下では100万円の売上となるが，1ドル＝120円の下では120万円とな

表 13.1　為替が業績に与える影響

円安が有利	
社名（業種）	主な内容
トヨタ自動車 （自動車）	海外販売が有利に。1 円の円安が対米ドルで 400 億円，対ユーロで 60 億円営業利益を押し上げ
出光興産（石油）	主に在庫評価額が上昇。対米ドルで 1 円円安なら営 業利益は 30 億円増
ブリヂストン（ゴム）	海外販売が有利に。1 円の円安が対ドルで営業利益 26 億円，対ユーロで 10 億円の増益要因
JT（食品）	対ロシアルーブルでは 1％の円安で 15 億円の増益。 英ポンド，ユーロ，トルコリラなども影響
円高が有利	
日本製紙 （パルプ・紙）	石炭やチップなど原燃料の調達が有利に。 対ドル 1 円の円高が営業利益 6 億円押し上げ
ニトリホールディン グス（小売業）	海外生産品の仕入れコストを抑制。対ドル 1 円の円 高で 20 億円の営業増益に
ニップン（食品）	パスタなどの食料品の仕入れコストや輸送コストが 下がり増益要因に

（出所）　日本経済新聞（2022 年 3 月 12 日，23 面）

り，売上が増加する。また，ドル建ての価格を値下げする場合には価格
競争力が上昇する。このため，円安は輸出企業にプラスの影響を与える。

　一方，日本の輸入企業が海外から 1 万ドル分輸入するとき，1 ドル＝
100 円の下では 100 万円の支出となるが，1 ドル＝120 円の下では 120
万円となる。またドル建ての価格を値上げする場合には価格競争力は低
下する。このため，円安は輸入企業にマイナスの影響を与える。

　消費者にとっては，海外の財・サービスが高くなるため，価格の観点
からは，円安は消費者にマイナスの影響を与える。ただし，消費は可処
分所得に依存するため，景気の影響も受けることになる。

　また，円建ての金融資産への需要が減少し，国内債券や国内株式の価
格が下落する一方，外貨建ての金融資産の価値は上昇することになる。

　以上のように，円安が望ましい経済主体もあれば，円高が望ましい経
済主体も存在する。表 13.1 が示すように，円の対ドルレートが 1 円だ

け円安になるとき，円安が有利とされるトヨタ自動車の年間の営業利益は400億円増加するのに対して，円高が有利とされる日本製紙では6億円減少するという推計もある。

　為替レートが経済全体に与える影響は，多様な経済主体に与える影響のバランスによって決まる。日本では，輸出依存度が高かったことや輸出企業が生産拠点を海外に移すことによる産業の空洞化が懸念されていたことから，かつては，円安の方が望ましいという考え方が一般的であった。しかし，近年は，企業が将来の為替取引に適用される為替レートを事前に設定したり，円建てで取引を行うこと等により，為替レートの変動に左右されにくい体制を構築してきたため，以前ほどの円安志向ではなくなりつつある。

コラム1 日本の為替相場制度の変遷

　1970年代初頭までの国際通貨制度は，ブレトンウッズ体制と呼ばれ，アメリカが1オンス＝35ドルでドルと金との交換を保証し，各国では自国通貨の平価の水準をドルに対して固定するという固定相場制度が採用されていた。このブレトンウッズ体制の下で，日本の為替レートは1949年に1ドル＝360円に固定された。

　このシステムは，アメリカが潤沢な金を保有することが前提であったが，1971年8月に金とドルの交換が停止された（ニクソンショックと呼ばれる）ことで，ブレトンウッズ体制は崩壊した。崩壊直後は，1971年12月のスミソニアン合意で1ドル＝308円が設定される等，固定相場制度を維持する試みも行われた。しかし，各国は，なし崩し的に変動相場制に移行し，為替レートは外国為替市場における需給で決定されるようになった。

　変動相場制への移行後は，為替レートの変動が大きくなり，各国経済を攪乱することが懸念されるようになったため，国際的な協調介入も実施されるようになった。例えば，1985年のプラザ合意では，協調介入によりドル高を是正することになり，日本は円買いドル売り介入を実施し，図が示すように，急速に円高が進行した。また，1987年のルーブル合意では，プラザ合意後の急速なドル安の進行が各国経済に打撃を与える懸念から，協調介入により過度なドル安を是正することになり，日本は円売りドル買い介入を実施し，一時的に円高の進行が抑えられることとなった。その後も，現在に至るまで，日本では，介入を伴う変動相場制が継続されている。

日本の対ドル名目為替レートの推移

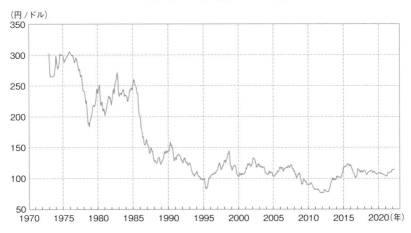

（出所）　日本銀行「時系列統計データ検索サイト　為替」
　　　　https://www.stat-search.boj.or.jp/index.html#

◆ 練習問題

問 13.1 名目為替レートが 1 ドル＝120 円，日本の自動車の価格が 150 万円，アメリカの自動車の価格が 50000 ドルであるとき，自動車に関する実質為替レートの水準はどうなるか。

問 13.2 スポットレートを 1 ドル 105 円，円金利を 0.01，ドル金利を 0.05 とする。カバー付き金利平価によると，フォワードレートは 1 ドルいくらになるか。

問 13.3 為替相場制度に関する記述として適当でないものはどれか。
① 変動相場制において，ドルに対する需要が供給を上回る場合には，円安・ドル高となる。
② 仮に日本が固定相場制を採用しているとして，円に対する需要が供給を上回る場合には，政府および中央銀行は，円買いドル売り介入を行うことで，平価の水準を維持する。
③ ブレトンウッズ体制の下で，日本の為替レートは 1949 年に 1 ドル＝360 円に固定された。
④ 1985 年のプラザ合意後は，ドル高を是正するための協調介入が行われた。

問 13.4 為替レートの決まり方に関する記述として適当でないものはどれか。
① 日本からアメリカへの輸出の増加は円高要因になる。
② アメリカの金融引締政策は円高要因になる。
③ 購買力平価説の下では，実質為替レートは 1 となる。
④ 輸送費等の取引費用が存在する場合，購買力平価説は成立しない。

問 13.5 為替レートが経済に及ぼす影響として適当でないものはどれか。
① 円高になると，日本の輸出企業の売上は減少する。
② 円安になると，日本の輸入企業の支出は増加する。
③ 円高になると，円建ての金融資産への需要が高まり，国内債券や国内株式の価格が上昇する。
④ かつては，円安になると，産業の空洞化が懸念されていた。

- ■ 14.1　金融自由化と金融危機
- ■ 14.2　南米とアジアの通貨危機
- ■ 14.3　世界金融危機
- ■ 14.4　欧州債務危機（欧州ソブリン危機）

コラム1　国際金融のトリレンマ

　金融のグローバル化が進行する中で，ある国で発生した金融危機の影響が一国内にとどまらず，国際金融市場を通じて世界各国の金融および実体経済に多大な影響を及ぼすようになっている。本章では，金融危機の世界的な波及の背景として，金融自由化の影響を取り上げる。そのうえで，近年の金融危機の事例として，南米やアジアで発生した通貨危機，世界金融危機，欧州債務危機について説明する。

14.1　金融自由化と金融危機

　金融自由化とは，金融機関に対する規制を緩和することで，金融機関が自由に業務を行えるようにすることである。金融機関に対する規制には，第9章で述べたように，参入規制，金利規制，バランスシート規制等の規制がある。金融自由化が大きなインパクトを与えた代表的な事例として，イギリスにおける金融ビッグバンの実施やアメリカにおけるグラム・リーチ・ブライリー法の制定が挙げられる。

●イギリスの金融ビッグバン

　イギリスでは，1986年10月に，金融ビッグバンと呼ばれる，証券取引所を中心とした大改革が実施された。当時のイギリスの金融市場，特

に株式等の証券市場では，グローバル化やIT化への対応の遅れから，国際金融市場における相対的な地位の低下が課題となっていた。そこで，自由化を進め，競争原理を導入することで，市場の活性化が図られた。

　ビッグバンでは，様々な改革が実施された。例えば，それまで禁止されていた，自己勘定で取引を行う業者（ジョバーと呼ばれる）と投資家の売買を仲介する業者（ブローカーと呼ばれる）の兼業が可能となった。また，売買手数料が自由化されたことで，取引コストの低下につながった。さらに，国内外の金融機関が取引所で証券を売買できる会員に出資できるようになったため，外資系金融機関の参入が促進されることとなった。結果的に，国内の金融業者が次々に買収・淘汰されたものの（テニスのウィンブルドン大会で外国選手が活躍していることになぞらえてウィンブルドン現象と呼ばれる），ロンドン市場は，国際金融センターとして復活を遂げた。

●アメリカにおけるグラム・リーチ・ブライリー法の制定

　アメリカでは，金融業界の国際競争力を高めることを目的として，1999年にグラム・リーチ・ブライリー法が制定された。この法律により，1933年に制定されたグラス=スティーガル法で定められていた，銀行（商業銀行）業務と証券（投資銀行）業務の分離（銀証分離）が撤廃された。その結果，持株会社による大規模な金融グループの形成が可能となり，シティバンク，ソロモン・スミス・バーニー，トラベラーズ等からなるシティグループが誕生した。

　第9章で述べたように，日本においても，日本の金融市場をニューヨークやロンドン並みの国際金融市場とすることを目指して，1990年代半ばから金融市場の抜本的な改革が実施された。イギリスの金融ビッグバンにちなんで，日本版金融ビッグバンと呼ばれる。一連の改革により，金融持株会社の設立や銀行等による投資信託の販売が可能となる等，大幅な規制緩和が実施された。

　以上のように，1980年代から1990年代にかけて，各国で大規模な金

融自由化が進められた。金融自由化を進めることで，国内外の金融機関同士の競争を通じて，生産性の向上や金融の新たなサービスの開発等技術革新を促進することができるため，経済が活性化されるというメリットがある。

　その一方で，金融自由化には，金融危機を誘発し，経済を不安定化させうるというデメリットも存在する。例えば，グラム・リーチ・ブライリー法の制定によって，銀行業務と証券業務の垣根が取り除かれたアメリカでは，投資銀行が積極的に証券化商品を購入することでリスク資産を抱え込む余地が生まれた。14.3節で解説するように，金融自由化の進展に伴う，証券化商品をめぐる情報格差や投資銀行の過剰なリスクテイク等は，世界的金融危機の大きな要因となった。また，金融規制の緩和により，グローバルな資金の移動が活発化し，世界各地でバブルが発生したり，次節以降で説明するように，急速な資金の引き上げにより通貨危機や金融危機が発生したりすることもある。通貨危機や金融危機の影響は金融市場にとどまらず，危機が発生しなかった国々の実体経済にも深刻な影響を及ぼす。このような自由化の副作用である世界経済の不安定化を抑制するために，第9章で解説したバーゼル規制のように，金融規制の在り方について国際的に議論されている。

14.2　南米とアジアの通貨危機

　1990年代には，固定相場制を導入している新興国において，外国からの大幅な資本流入と突然の資本流出に特徴づけられる通貨危機が度々発生した。代表的な通貨危機として，メキシコ通貨危機とアジア通貨危機が挙げられる。

●メキシコ通貨危機
　1990年代初頭のメキシコは，財政赤字と経常収支（輸出から輸入を差し引いた純輸出や海外からの利子および配当等の受け取りから構成さ

れる）の赤字を抱えていたが，アメリカとの自由貿易協定（NAFTA）の締結等，経済成長への期待から，メキシコには外国からドル建ての多額の資金が流入した。当時のメキシコは，固定相場制を採用していたが，経済の実態からすると，メキシコ通貨であるペソのレートは高めの水準で固定されていた。

1994 年に入り，相次いで政情不安が発生し，経済成長に懸念が生じると，資本が流出するようになり，メキシコの通貨当局は固定為替レートを維持するために，ペソを外貨準備で買い支えるようになった。このような状況で，アメリカで金融引締政策が実施され，ドル金利が上昇したことで，ペソ安の圧力が加わり，通貨当局はさらなるペソ買いの必要に迫られた。しかし，ペソを購入するための外貨準備がほとんど底をつき，買い支えられなくなったことから，同年 12 月に変動相場制に移行することとなった。

最終的には，1995 年 1 月にアメリカを中心とした 500 億ドルの国際的支援が行われるとともに，緊縮財政を行ったことで，メキシコでの通貨危機は収束した。しかし，ペソが大幅に安くなったことで，ハイパーインフレが発生するとともに，緊縮財政により深刻な不況が発生した。また，他の南米諸国やアジア各国にも通貨危機が波及し，各国の実体経済にも悪影響を及ぼすこととなった。

●アジア通貨危機

アジア通貨危機は，1997 年 7 月にタイで始まった。通貨危機前のタイでは急速な経済成長により，外貨建ての短期的な資金が大量に流入し，金融機関を通じて，タイの通貨であるバーツ建てで，国内の長期のプロジェクトに貸し出されていた。タイの為替相場制度は，バーツの対ドルレートを実質的に固定する固定相場制（ドルペッグと呼ばれる）であった。ヘッジファンド等の投資家は，経済の実態よりも為替レートが高めに設定されて輸出が伸び悩んでいること等から，現行の為替レートの水準は維持されず将来的にバーツが安くなると判断した。通貨を高く売って，将来安くなったときに買い戻すと差額を儲けられることから，投資

家により大量のバーツ売り（空売りと呼ばれる）が行われた。タイの通貨当局は，固定相場制を維持するために，ドル売りバーツ買いを行ったが，バーツを買い支えられず，変動相場制に移行することになった。

バーツ安になったことで，外貨建てで借りていた資金の返済負担が大幅に増大し，金融機関の経営状態が悪化した。また，金融機関は長期の貸出を行っていたため，投資家に短期の借入を返済するための資金をすぐには回収することができない流動性の問題も発生した。このようなダブルミスマッチ（通貨のミスマッチと満期のミスマッチ）により，タイは金融危機に直面することとなった。加えて，国内の不動産バブルの崩壊も不良債権問題を深刻化させ，金融市場を通じて実体経済に大きな打撃を与えた。

その後，通貨危機はマレーシア，インドネシア，韓国等のアジア諸国に伝播し，アジア経済は大きく混乱した。これを受けて，IMF，世界銀行，アジア開発銀行等が支援を行うとともに，再発防止に向けてアジアにおける金融協力体制構築の機運が高まった。例えば，2000年5月には，ASEAN＋3（日本，韓国，中国）において，2国間の通貨スワップ協定が結ばれ（チェンマイ・イニシアティブと呼ばれる），外貨準備で短期的に外貨を融通することが合意された。また，2010年3月には，スワップ協定の手続きが共通化（マルチ化と呼ばれる）され，多国間で外貨を融通することが可能となった。

14.3　世界金融危機

2008年には，「100年に1度」の世界金融危機が発生した。きっかけとなった，アメリカの大手投資銀行であるリーマン・ブラザーズの破綻は，リーマンショックと呼ばれる。リーマンショックに至った主要な要因として，以下の2つが挙げられる。

① サブプライムローン

② 証券化商品

●サブプライムローン

　リーマンショックの発端は，アメリカにおいて，債務不履行となる
（返済されない）リスクの高い低所得者等向けの住宅ローン（サブプラ
イムローンと呼ばれる）バブルが崩壊したことであった。サブプライム
ローンは，低所得者にもマイホームを持てるようにするという社会の要
請から，ローンの返済に際して，最初の数年は低めの金利が適用され，
その後，金利が引き上げられる仕組みとなっていた。金利が低い間に住
宅価格が値上がりすれば，住宅の値上がり分で追加的に借入を行ったり，
低金利のローンに借換えたりすることが可能となる。2000 年代前半に
住宅価格が上昇しており，サブプライムローンのバブルが発生した。こ
の住宅バブルが崩壊したことで，サブプライムローンの構造が裏目に出
て，リーマンショックにつながる不良債権問題が発生することとなった。

●証券化商品

　リーマンショックにつながるもう一つの要因が証券化商品の普及であ
る。特に，サブプライムローンの返済を前提として，ローンの債権が
様々な証券化商品に組み込まれ，投資家に販売された。このため，サブ
プライムローンの借り手が返済できなくなると，住宅ローンの債権が組
み込まれた証券化商品の価格が急落し，投資家，特に欧米の投資銀行が
損失を被った。加えて，投資家が証券化商品を担保に調達した資金で証
券化商品を購入することで，自己資金の何倍もの投資を行う（レバレッ
ジと呼ばれる）手法を採用していたため，損失を増幅させることとなっ
た。資金を確保しようと証券化商品を投げ売りする動きにより，さらに
金融商品の価格が下がる悪循環が発生した。

●リーマンショックに至る経緯

　サブプライムローンのバブルが崩壊し，証券化商品の価格が下落した
ことで，影響はアメリカ国内にとどまらず，ヨーロッパにも波及した。

2007 年 8 月には，フランスの大手銀行である BNP パリバ傘下の投資ファンドが投資家の解約を凍結するというパリバ・ショックが発生したことで，金融市場に疑心暗鬼が広がり，金融市場全般でリスク・プレミアム（取引相手が返済不能に陥るリスクに対する金利の上乗せ分）が急騰した。このため，金融市場で資金を調達しにくくなり，流動性の問題が深刻化した。

　2008 年に入ると，アメリカの大手投資銀行であるベアー・スターンズが JP モルガンに救済合併されたり，住宅金融のファニーメイ，フレディマックが実質国有化されたりする等，経営難に陥る金融機関が相次いだ。その後，リーマン・ブラザーズが経営危機に直面し，国有化や救済合併が検討されたものの実現せず，結局 2008 年 9 月 15 日に破綻することとなった。

●リーマンショックの影響

　リーマン・ブラザーズの破綻によって株価が急落する等金融市場が大きく動揺したことから，次々に救済策が打ち出された。例えば，大手投資銀行のメリルリンチがバンク・オブ・アメリカに買収され，大手保険会社 AIG が実質国有化された。しかし，アメリカ国内で，金融機関の救済がモラルハザードを招くとして批判が強まり，議会で，公的資本注入等金融機関の救済を盛り込んだ金融安定化法が否決された。この結果を受けて，ニューヨーク市場では，史上最大の株価暴落を記録した。図14.1 が示すように，各国の株価も暴落した。また，金融不安が深刻化し，国際金融市場で取引が行われなくなる「流動性の枯渇」が発生し，世界金融危機と呼ばれる事態に陥ることとなった。

　世界金融危機は，実体経済にも大きな打撃を与え，2009 年第 1 四半期の実質 GDP 成長率がアメリカでマイナス 6.4％，ユーロ圏でマイナス 9.5％となった。また，日本では，世界金融危機によって発生した世界同時不況や円高による輸出の減少，設備投資の減少により，マイナス 19.9％と先進国で最大の下げ幅を記録した。

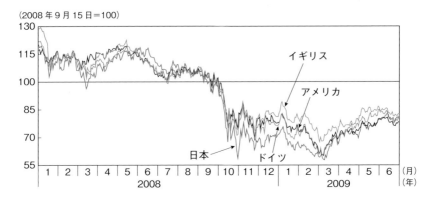

（原典）　Bloomberg により作成。
（出所）　内閣府（2009）「平成 21 年度年次経済財政報告」
　　　　　https://www5.cao.go.jp/j-j/wp/wp-je09/pdf/09p02011.pdf

●リーマンショックへの対応

　各国では，流動性供給や公的資本注入，不良債権の買い取りにより，経営難に直面した金融機関を救済すると同時に，金融市場の安定化に向けて，大量の金融資産（証券化商品，長期国債，CP，社債等）の買入れが実施された。その結果，図 14.2 が示すように，各国中央銀行のバランスシートは大幅に拡張された。

　実体経済の悪化に対しては，雇用対策，公共事業，減税といった大規模な財政政策とともに，図 14.3 のように，政策金利の大幅な引き下げが実施された。

　加えて，国際的には，世界的なドル不足に対応するため，各国中央銀行と FRB との間でドルを融通しあうドルスワップ協定が締結された。また，第 9 章で解説したように，リーマンショックを教訓として，金融規制の在り方が大幅に見直され，新たにバーゼルⅢが導入されることとなった。

図 14.2　バランスシートの拡大

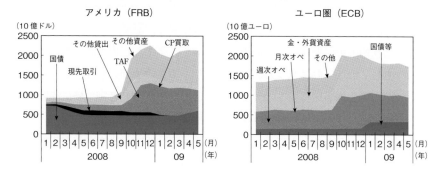

（原典）　FRB，ECB のホームページ，日本銀行「日本銀行勘定」により作成。
（注）　1.　月末時点で公表されている資産を集計した。
　　　　2.　アメリカ（FRB）の TAF（ターム物入札型貸出制度）は，入札方式による預金取扱金融機関への融資。
（出所）　内閣府（2009）「平成 21 年度年次経済財政報告」
　　　　　https://www5.cao.go.jp/j-j/wp/wp-je09/pdf/09p02011.pdf

図 14.3　各国の政策金利の変更幅

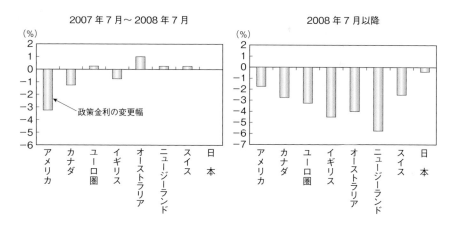

（原典）　Bloomberg により作成。
（注）　1.　各期間の政策金利の変更幅を示した。
　　　　2.　各国の政策金利は，無担保コール O/N 物金利（日本），フェデラルファンド金利（米国），市場介入金利（ユーロ圏），
　　　　　　基準貸出金利（英国），オフィシャルキャッシュ金利（オーストラリア，ニュージーランド），翌日物金利（カナダ），
　　　　　　LIBOR 3 か月物金利（スイス）を使用。
（出所）　内閣府（2009）「平成 21 年度年次経済財政報告」
　　　　　https://www5.cao.go.jp/j-j/wp/wp-je09/pdf/09p02011.pdf

14.4　欧州債務危機（欧州ソブリン危機）

　前節で示したように，世界金融危機により，証券化商品を購入していた欧州の金融機関は大きな損失を被った。また，世界金融危機以前に発生していた不動産バブルの崩壊により，不良債権問題が発生し，金融機関や実体経済に打撃を与えていた。このため，欧州各国，特に南欧諸国やアイルランドは財政赤字の問題を抱えることとなった。

　そのような中，2009 年 10 月には，ギリシャでの政権交代を契機に巨額の財政赤字の隠蔽が発覚し，ギリシャ国債（ソブリン債）が暴落する財政危機が発生した。ギリシャと同様に財政赤字を抱えていた他の欧州諸国（アイルランド，イタリア，ポルトガル，スペイン）にも波及して国債価格が下落するとともに，これらの国債を保有する欧州の金融機関の経営状態がさらに悪化して株価が下落する欧州債務危機に発展した。

　EU，欧州中央銀行（ECB），IMF は協調して（トロイカ体制と呼ばれる），ギリシャ，アイルランド，スペイン，ポルトガル，キプロスに対する金融支援を行った。EU は，資金援助を行うための時限的な機関として，2010 年 6 月に欧州金融安定化基金（EFSF）を設立した。EFSF は，2012 年 10 月には，恒久的な機関として欧州安定メカニズム（ESM）に改組された。また，ECB は，金融システム安定化のために，国債を無制限に購入する国債買入プログラム（OMT）や国債等を担保とした金融機関に対する長期の融資（LTRO）を導入した。

　ユーロ圏では，単一通貨ユーロが採用されており，金融政策は ECB が実施している一方，財政政策は共通化されていないため，各国内および各国間の利害調整には長期を要することになった。特に，金融支援に際して，対象国に厳しい緊縮財政が義務づけられたため，各国国民と EU との間の利害対立が鮮明化した。最終的には，2013 年 12 月にアイルランドとスペイン，2014 年 5 月にポルトガル，2016 年 3 月にキプロス，2018 年 8 月ギリシャにおいて金融支援が終了し，2018 年 12 月に ECB が量的緩和政策を終えて，欧州債務危機は収束した。

コラム1　国際金融のトリレンマ

　国際金融において，各国通貨当局は，以下３つの政策を同時に実現できないという国際金融のトリレンマに直面していることが知られている。

① 　為替レートの安定
② 　金融政策の独立性
③ 　自由な資本移動

　為替レートの安定とは，固定相場制等により，為替レートの変動を抑えることを意味する。一方，通貨当局が介入を行わない変動相場制の下では，為替レートの変動は大きくなる。

　国際金融の文脈における金融政策の独立性とは，中央銀行が自国の金融政策を他国の金融政策から独立して実施することである。例えば，ドルペッグ制を採用する場合には，自国通貨の対ドルレートが固定されることから，自国の金融政策がアメリカの金融政策に依存することになり，金融政策の独立性は放棄しているといえる。

　自由な資本移動とは，外国との間で自由に資金を貸借できることである。例えば，海外からの投資に対して課税を行う場合には，海外の投資家が自由に自国の株式や債券を購入できなくなるため，自国の企業が海外から資金を調達しにくくなり，海外からの資本移動が規制されているといえる。

金融政策の独立性と自由な資本移動を選ぶ場合

　多くの先進国では，金融政策の独立性と自由な資本移動を追求する代わりに，変動相場制を採用している。金融政策が他国の金融政策から独立である場合，政策金利の水準が国によって異なるため，より高い利回りを求めて資本が各国間で自由に移動する。この資本移動の流れの変化に伴い，各通貨に対する需要も変化し，為替レートが変動する。このため，金融政策の独立性と自由な資本移動を選ぶ場合には，為替レートの安定を放棄することになる。

為替レートの安定と自由な資本移動を選ぶ場合

　イタリア，オランダ，ドイツ，フランス，ポルトガル等ユーロ圏（ユーロを法定通貨としている）の国々では，ユーロを単一通貨として採用することで，ユーロ圏同士の為替レートを固定し，為替レートの安定を確保している。ユーロ導入以前は，各国の中央銀行が独立して金融政策を行っていたが，自由な資本移動を認めると，固定された為替レートの水準を維持できなくなってしまう。このため，ユーロ導入後は，各国は独立した金融政策を放棄し，ユーロ圏の中央銀行であるECB（欧州中央銀行）

がユーロ圏共通の金融政策を行っている。

為替レートの安定と金融政策の独立性を選ぶ場合

　中国では，中央銀行である中国人民銀行が為替レートを安定化させるために，中国外貨取引センターにおいて需給の調整を行っている。外貨に対する需給を一元的に管理するため，2009 年までは，中国の通貨である人民元建てで海外と取引することが禁止される等，資本移動は制限されていた。しかし，近年は，資本移動の自由化が進められるとともに，独立した金融政策の下で為替レートの変動も許容されつつある。

◆ 練習問題

問 14.1　金融自由化に関する記述として適当でないものはどれか。
① 金融自由化には，市場競争による生産性の向上や金融の新たなサービスの開発等技術革新を促進することができるため，経済が活性化されるというメリットがある。
② イギリスの金融ビッグバンでは，外資系金融機関の参入が促進され，国内の金融業者が次々に買収・淘汰されたものの，ロンドン市場は国際金融センターとして復活を遂げた。
③ アメリカでは，グラム・リーチ・ブライリー法の撤廃により，持株会社による大規模な金融グループの形成が可能となった。
④ 金融自由化には，金融危機を誘発し，経済を不安定化させうるというデメリットがある。

問 14.2　通貨危機に関する記述として適当でないものはどれか。
① 1990 年代には，固定相場制を導入している新興国において，外国からの大幅な資本流入と突然の資本流出に特徴づけられる通貨危機が度々発生した。
② 1990 年代初頭のメキシコ通貨危機では，通貨当局がペソを外貨準備で買い支えられなくなり，変動相場制に移行した。
③ アジア通貨危機において，タイでは，金融機関が長期の借入で短期の貸出を行う満期のミスマッチが問題となった。
④ 通貨危機を防止するため，2000 年には，ASEAN＋3（日本，韓国，中国）において，チェンマイ・イニシアティブと呼ばれる 2 国間の通貨スワップ協定が結ばれた。

問 14.3　世界金融危機に関する説明として適当でないものはどれか。
① リーマンショックの発端は，サブプライムローンのバブルの崩壊である。
② パリバ・ショックが発生したことで，リスク・プレミアムが急騰し，流動性の問

題が深刻化した。

③ アメリカでは，金融機関の安易な救済がモラルハザードを招くという批判が沸き上がり，金融安定化法が否決された。

④ 金融市場の安定化に向けて，大量の金融資産の買入れが実施されたため，各国中央銀行のバランスシートは縮小した。

問 14.4　欧州債務危機に関する説明として適当でないものはどれか。

① 世界金融危機により，証券化商品を購入していた欧州の金融機関は大きな損失を被った。

② ギリシャをはじめ，財政赤字を抱えていた欧州諸国では，国債の金利が急落した。

③ 危機に陥った国々に対して，EU，ECB，IMF は協調して金融支援を行った。

④ トロイカ体制による金融支援では，対象国に厳しい緊縮財政が義務づけられた。

問 14.5　国際金融のトリレンマに関する説明として適当でないものはどれか。

① 各国通貨当局は，為替レートの安定，金融政策の独立性，自由な資本移動を同時には実現できないという問題に直面している。

② 変動相場制を採用している国が金融政策の独立性を選択する場合には，資本移動を規制する必要がある。

③ ドルペッグ制を採用している国が自由な資本移動を認める場合には，独立した金融政策を放棄する必要がある。

④ 独立した金融政策を実施する国が自由な資本移動を認める場合には，変動相場制を選択する必要がある。

参考文献

・浅子和美・飯塚信夫・篠原総一編（2020）『入門・日本経済 第6版』有斐閣

・井堀利宏（2020）『入門マクロ経済学 第4版』新世社

・植田和男（2017）『大学4年間の金融学が10時間でざっと学べる』
KADOKAWA

・大野早苗・小川英治・地主敏樹・永田邦和・藤原秀夫・三隅隆司・安田行宏
（2007）『金融論』有斐閣

・佐々木百合（2017）『国際金融論入門』新世社

・島村髙嘉，中島真志（2020）『金融読本 第31版』東洋経済新報社

・田渕直也（2014）『入門 金融のしくみ』日本実業出版社

・福田慎一（2020）『金融論 市場と経済政策の有効性【新版】』有斐閣

・福田慎一・照山博司（2016）『マクロ経済学・入門 第5版』有斐閣

・細野薫・石原秀彦・渡部和孝（2019）『グラフィック金融論 第2版』新世社

・家森信善（2013）『はじめて学ぶ金融のしくみ 第4版』中央経済社

・日本銀行（2021）「マネーストック統計の解説」
https://www.boj.or.jp/statistics/outline/exp/data/exms01.pdf

・日本銀行調査統計局（2018）「資金循環統計からみた最近のわが国の資金フ
ロー－家計，事業法人を中心に－」
https://www.boj.or.jp/research/brp/ron_2018/ron180525a.htm/

練習問題解答

■第1章

問1.1 ②が正答。代表的な赤字主体には企業がある。

問1.2 ②が正答。流動性とは，ある金融資産が媒介としてどれだけ容易に目的のものに変換できるか，つまりどの程度交換手段として有効に機能するかを表す概念である。

問1.3 ②③④が正答。定期預金は準通貨であるため，M1以外の3つの指標に含まれる。

問1.4 ②が正答。株式の価格（株価）がかなり低くなっている場合には，株価が今後上がる可能性が考えられるため，人々は投機的動機に基づき，より株式を保有しようとする。

■第2章

問2.1 ②が正答。貨幣には，流動性は高いものの収益性は低く，その他の金融資産には，収益性は高いものの流動性は低いという性質がある。

問2.2 ①が正答。取引動機とは，人々が取引に必要な金額の貨幣を需要しようとすることである。

問2.3 ②が正答。利子率が上昇すると，貨幣よりリスクが高くても，より高い収益を期待できる金融資産に対する需要が高まるため，貨幣需要が減少する。

問2.4 ②が正答。ハイパワードマネー＝現金通貨＋日本銀行（日銀）当座預金

問2.5 ②が正答。マネーストックは，現金通貨＋預金通貨より，100兆円である。このため，信用乗数は100兆円÷50兆円＝2となる。

問2.6 ④が正答。利子率が均衡利子率より高い場合には，利子率は下落する。

問2.7 ④が正答。実質利子率＝0％－（－0.1％）＝0.1％

■第3章

問3.1 それぞれ200兆円，200兆円となる。いずれも国内総生産500兆円から一国全体の消費300兆円を差し引くことにより求められる。

問3.2 ③が正答。1990年代後半の金融危機以降，2000年代初頭にかけて，企業は

金融機関への借入返済を進めて大幅な資金余剰部門となった。

問 3.3　③が正答。債券の格付けが低いほど信用度が低く，利回りが上がる傾向がある。

問 3.4　③が正答。プット・オプションとは，現時点で決めた価格で，対象となる金融資産を将来時点で取引できる権利を売却する契約のことである。

■第 4 章

問 4.1　①が正答。実質収益率＝名目収益率－物価上昇率＝2%－（－1%）＝3%

問 4.2　②が正答。平均・分散アプローチでは，リスク回避的な投資家を想定している。縦軸にリターン，横軸にリスクをとるとき，無差別曲線が左上にあるほど，投資家により高い効用をもたらす。

問 4.3　7%。期待収益率＝0.15×0.6＋（－0.05）×0.4＝0.07 より 7%と計算される。

問 4.4　③が正答。完全に相関も逆相関もしていない 2 つの危険資産に投資する場合の機会曲線は，完全に相関する場合の機会曲線と完全に逆相関する場合の機会曲線に囲まれた三角形の中に収まる滑らかな曲線として表される。

問 4.5　④が正答。分離定理とは，危険資産のポートフォリオが投資家のリスクに関する選好から独立して決定されることである。

■第 5 章

問 5.1　②が正答。無数の投資家が参加する競争的な金融市場が対象とされている。同じ価値の資産を安く買って高く売ることで利益を得る裁定取引は行われない。

問 5.2　250。利付債の価格 P_t は，クーポンと額面金額の合計の割引現在価値として以下のように求められる。

$$P_t = \frac{15 + 240}{1 + 0.02} = 250$$

問 5.3　3000。割引債の価格 P_t は，満期 2 年の額面金額 3630 の割引現在価値として以下のように求められる。

$$P_t = \frac{3630}{(1 + 0.1)^2} = 3000$$

問 5.4　2%。満期 3 年の長期の利子率 R_t は，1 年目から 3 年目までの短期の利子率の平均として以下のように求められる。

$$R_t = \frac{1 + 2 + 3}{3} = 2\%$$

問 5.5 ③が正答。バブルが発生していない場合の株価の決定式によると，リスクプレミアムが高くなるほど株価は下落する。

問 5.6 104。株式の先物価格 F は以下のように求められる。

$$F = 200\left(1 + 0.04 \times \frac{180}{360}\right) - 100 = 104$$

問 5.7 ④が正答。CAPM の定式化では，ベータ（β_i）の値が大きい金融資産ほど，市場リスクの影響を大きく受け，市場リスクの大きさに応じた高い期待収益率が求められる。

■第 6 章

問 6.1 ④が正答。株主には，配当が支払われるとともに，株主総会での議決権が与えられる。社債を購入した投資家や融資を行った銀行には，元本と利子が支払われる。

問 6.2 ①②④が正答。MM 理論の第 2 命題からは，資本構成における負債の比率が高まると，その企業の株式発行のコストが上昇することが示される。

問 6.3 ①が正答。正味現在価値は，$-50 + 60/(1+0.5) = -10$ より，-10 となる。

問 6.4 ④が正答。株主に利益を還元する方法としては，配当金が一般的である。株式分割が行われると，各株主が保有する株式数は増加する。企業が自己株式を取得すると，株主は増加する。

■第 7 章

問 7.1 ②が正答。銀行は，預金金利よりも高い貸出金利で融資を行うことにより利鞘を得ている。

問 7.2 ④が正答。運用会社が投資家の代わりに資産運用を行っている。証券会社は，投資家と運用会社の間に介在し，投資家に投資信託を販売して，運用会社に取り次いでいる。

問 7.3 ④が正答。保険会社は，本源的証券を購入して，利子や配当等を受け取り，その資産運用の成果から，保険金の支払いを行っている。

問 7.4 ①が正答。消費者金融会社による貸出では，返済の際に，銀行よりも高い利子率が課されることになる。

■第 8 章

問 8.1 ③④⑤が正答。銀行預金は間接金融，投資信託の購入および証券化商品の購入は市場型間接金融に分類される。

問 8.2 ②が正答。赤字主体（最終的な借り手）に関する情報を生産する金融仲介の機能は，情報生産機能と呼ばれる。

問 8.3 ①が正答。本源的証券の例としては株式，間接証券の例としては普通預金がある。

問 8.4 ①②③が正答。黒字主体（最終的な貸し手）と金融仲介機関との間の情報の非対称性はなくならないため，黒字主体（最終的な貸し手）と金融仲介機関との間に逆選択の問題が発生する可能性は存在する。

問 8.5 ①②③④が正答。

■第 9 章

問 9.1 ③が正答。銀行の経営者と預金者との間の情報の非対称性に起因する経営者のモラルハザードを防止するため，銀行に対する規制が認められている。

問 9.2 ②が正答。銀証分離は，銀行業務と証券業務の分離を意味し，業務範囲規制の対象である。

問 9.3 ③が正答。ペイオフ解禁により，1000 万円とその利息が支払いの上限となった。

問 9.4 ③が正答。バーゼル II では，信用リスク，市場リスクに加えて，オペレーショナル・リスクも対象とされた。流動性リスクに関する規制は，バーゼル III で導入された。

■第 10 章

問 10.1 ③が正答。2年物長期金利＝(1%＋3%)÷2＝2%

問 10.2 ③が正答。公定歩合という名称は，現在は「基準割引率および基準貸付利率」と呼ばれ，無担保コールレートオーバーナイト物の上限として機能している。

問 10.3 ②が正答。縦軸に利子率，横軸に国民所得をとるとき，金融緩和政策はLM 曲線を下方向にシフトさせる。

問 10.4 ④が正答。貨幣量が 2 倍になると，物価水準も 2 倍になる。

■第 11 章

問 11.1 ②が正答。縦軸に利子率，横軸に国民所得をとるとき，流動性の罠におけるLM 曲線は水平となる。

問 11.2 ④が正答。スティグマとは，銀行が中央銀行から資金を借りることで，信用力が低いと市場参加者に受け取られることを避ける現象のことである。

問 11.3　①が正答。インフレ率が目標インフレ率を上回るときは，利子率を上昇させることになる。

問 11.4　①②③④が正答。

■第 12 章

問 12.1　③が正答。不況とインフレが同時に発生する状況は，スタグフレーション（stagnation 不況＋inflation インフレ）と呼ばれる。

問 12.2　④が正答。メニューコストや靴のコストは，予想されたインフレでも発生する。企業が事後的に支払う実質的な賃金は減少する。

問 12.3　②が正答。デフレが進行すると，靴のコストは小さくなる。

問 12.4　③が正答。貨幣錯覚が発生すると，労働者は自分の実質賃金が上昇したと勘違いをして，労働力を供給するため，失業率が低下する。

問 12.5　②が正答。右下がりのフィリップス曲線は短期的にも成立しなくなる。

■第 13 章

問 13.1　4。実質為替レート ε は以下のように求められる。

$$\varepsilon = \frac{120 \times 50000}{1500000} = 4$$

問 13.2　101。フォワードレート F は以下のように求められる。

$$F = \frac{105(1 + 0.01)}{(1 + 0.05)} = 101$$

問 13.3　②が正答。円に対する需要が供給を上回る場合には，政府および中央銀行は，円売りドル買い介入を行うことで，平価の水準を維持する。

問 13.4　②が正答。アメリカの金融引締政策は円安要因になる。

問 13.5　④が正答。かつては，円高になると，産業の空洞化が懸念されていた。

■第 14 章

問 14.1　③が正答。アメリカでは，グラス=スティーガル法の撤廃により，金融持ち株会社による大規模な金融グループの形成が合法化された。

問 14.2　③が正答。アジア通貨危機において，タイでは，金融機関が短期の借入で長期の貸出を行う満期のミスマッチが問題となった。

問 14.3　④が正答。金融市場の安定化に向けて，大量の金融資産の買入れが実施されたため，各国中央銀行のバランスシートは大幅に拡張された。

問 14.4　②が正答。ギリシャをはじめ，財政赤字を抱えていた欧州諸国では，国債

の価格が急落し，金利は高騰した。

問 14.5　②が正答。変動相場制を採用している国が金融政策の独立性を維持するためには，自由な資本移動を認めることが必要となる。

索　引

た　行

な　行

は　行

著者紹介

田中　茉莉子（たなか　まりこ）

2005 年　東京大学経済学部卒業
2010 年　東京大学大学院経済学研究科博士課程修了，博士（経済学）（東京大学）
現　　在　武蔵野大学経済学部准教授

主要著書・論文

「雇用不安とリカレント教育―コロナ禍で顕在化した雇用ミスマッチの緩和」『コロナ時代の
　日本経済―パンデミックが突きつけた構造的課題』（福田慎一氏編）第 5 章，東京大学出版会，
　2022 年

"Financial Spillovers in Asian Emerging Economies"（福田慎一氏と共著），*Asian Development
　Review*, vol. 37. no. 1, pp. 93–118, 2020

"Monetary Policy and Covered Interest Parity in the Post GFC Period: Evidence from the
　Australian Dollar and the NZ Dollar"（福田慎一氏と共著），*Journal of International Money and
　Finance*, vol. 74, pp. 301–317, 2017

"Currency Exchange in an Open-Economy Random Search Model", *B.E. Journal of Theoretical
　Economics*, vol. 16, no. 1, pp. 1–31, 2016

●ライブラリ 経済学への招待—6

金融論への招待

2022 年 8 月 10 日Ⓒ   初 版 発 行

著　者　田中茉莉子　　　　　発行者　森 平 敏 孝
　　　　　　　　　　　　　　印刷者　加 藤 文 男

【発行】　　　　　　　株式会社　新世社
〒151-0051　東京都渋谷区千駄ヶ谷 1 丁目 3 番 25 号
編集☎(03)5474-8818(代)　　　　　サイエンスビル

【発売】　　　　　　　株式会社　サイエンス社
〒151-0051　東京都渋谷区千駄ヶ谷 1 丁目 3 番 25 号
営業☎(03)5474-8500(代)　　　　振替 00170-7-2387
FAX☎(03)5474-8900

印刷・製本　加藤文明社
《検印省略》

ISBN978-4-88384-355-8
PRINTED IN JAPAN

サイエンス社・新世社のホームページのご案内
https://www.saiensu.co.jp
ご意見・ご要望は
shin@saiensu.co.jp まで.

グラフィック［経済学］ 5

グラフィック
金 融 論
第2版

細野 薫・石原秀彦・渡部和孝 共著
A5判／328頁／本体2,750円（税抜き）

刊行以来，わかりやすい解説と見やすいビジュアルが好評を博してきた入門テキストの改訂版。初版刊行後の金融経済の変化を踏まえ，金融危機の前兆としてのバブル，新たな金融規制の国際的枠組であるバーゼルⅢ，デフレと密接に関係する流動性の罠，などに関する解説を加筆修正し，経済データを最新のものに更新した。左右見開き体裁・2色刷。

【主要目次】
金融システム／貨幣／企業の資金調達／銀行の役割と課題／金融規制／利子率／株価／為替レート／貨幣市場の需要と供給／金融政策

発行 新世社　　発売 サイエンス社

テキスト
金 融 論
第2版

堀江康熙・有岡律子・森 祐司 共著
A5判／344頁／本体2,500円（税抜き）

多岐にわたる金融論の論点を的確に整理し，1節見開き2頁単位構成でまとめて類書にない理解しやすさを実現した好評テキストの最新版。初版刊行以降の日本経済と金融活動の大きな変化に対応させて大幅改訂。フィンテックの進展，非伝統的金融政策の進行，そしてコロナ禍の影響などを取り上げ，また金融工学や行動ファイナンスに関する解説を拡充した。学部生・大学院生だけでなく，金融実務に携わる社会人にとっても有益な知見を提供する。見やすい2色刷。

【主要目次】

発行 新世社　　発売 サイエンス社

経済学への招待

岩田規久男 著
A5判／208頁／本体1,800円（税抜き）

経済学の基本的な仕組みを読みやすい文体と豊富な図版を用いて，誰にでも分かるようコンパクトに解説。重要語句・概念を本文欄外に配置することにより最重要箇所が一目で分かる構成。ヴィジュアルに学べる3色刷。

【主要目次】

希少性と資源配分／需要と供給／価格の決定とその変化／資源配分と所得分配の決定／政府の役割／国内総生産の決定／経済の変動と安定化政策／経済成長

発行　新世社　　発売　サイエンス社